Aufgetischt

Texte zur Mahlgemeinschaft

von Hans-Jürgen Sträter

Impressum

Aufgetischt – Texte zur Mahlgemeinschaft

von Hans-Jürgen Sträter

Ausgabe Ostern 2023

Herstellung und Verlag: BoD - Books on Demand, Norderstedt

ISBN: 9783752859614

Bilder wurden mit dem Programm Dall-E erstellt

Mahlgemeinschaft

Ich dank der Mahlgemeinschaft Liebe,

in Brot und Wein wird es mir klar:

sie hebt mich aus dem Weltgetriebe,

schenkt Lebenskraft so wunderbar.

Hier werden aufgetischt die Gaben,

die Leib und Geist und Seele leben.

Hans-Jürgen Sträter

Aufgetischt

Inhalt

Deshalb drängten ihn die Jünger:
»Bleib doch über Nacht bei uns!
Es ist spät und wird schon dunkel.«
So ging er mit ihnen ins Haus.
Als Jesus sich mit ihnen
zum Essen niedergelassen hatte,
nahm er das Brot, dankte Gott dafür,
brach es in Stücke und gab es ihnen.
Da wurden ihnen die Augen geöffnet:
Es war Jesus.
Doch im selben Moment verschwand er,
und sie konnten ihn nicht mehr sehen.
Sie sagten zueinander:
»Hat es uns nicht tief berührt,
als er unterwegs mit uns sprach
und uns die Heilige Schrift erklärte?«

Lukas 24, 29-32

Vorwort

Dienstags treffen wir uns zum gemeinsamen Frühstück im Quartierhaus. Freudig werden die guten Gaben, die mitgebracht wurden, **aufgetischt**. Bei unserem *Morgenmahl* wird viel gelacht, geredet und zugehört, wenn notwendig, auch gemeinsam getrauert und getröstet. Diese wunderbare *Gemeinschaft* ist für uns alle ein wirklich wertvoller Höhepunkt der Woche.

Auch als Jesus mit seinen Freunden das *Abendmahl* feierte, wurde eine Gabe *aufgetischt*, die wertvollste (Hin-) Gabe aller Zeiten, in Form von Brot und Wein *Christi Leib und Blut, Lieben und Leben* – Erlösung der Menschheit.

Ostersonntag hat sich Gott zu seinem Sohn durch die Auferstehung bekannt.

Deshalb feierten die ersten Christen den *Sonntag* mit gemeinsamen Mahl als Fest zum Gedächtnis, zum Bekenntnis und zur Hoffnung ihres Glaubens.

Wir haben heute nicht genug Vorstellungskraft, um uns in die Freude unserer Geschwister hineinzuversetzen, denn dieses Gemeinschaftsmahl war ein gewaltiges Aufbrechen der Gesellschaft: Auf Augenhöhe saßen alle an einem Tisch, jeder hatte zu jedem Blickkontakt. Hier wurde es nicht mehr so wichtig, ob einer Herr oder Sklave, Frau oder Mann, reich oder arm, Jude oder Nichtjude, etc etc, war. Denn Jesus ist in Brot und Wein immer dabei!

Das heißt pure *Befreiung und Freiheit im Geiste*! Der Sonntag wird hier zum absoluten Höhepunkt der Gläubigen, mit Lachen, Reden und Zuhören, wenn notwendig, wird auch, wie bei uns, zusammen getrauert und getröstet.

Die wöchentliche Wiederholung des gemeinschaftlichen Abendmahles der ersten Christen an jedem Sonntag ist deshalb die *Urwurzel von Gemeinde und Gottesdienst*, von der wir auch heute genießen – in der Hoffnung, am großen Abendmahl im Reich Gottes ebenfalls teilnehmen zu können...

Vorliegende Texte zeigen verschiedene Perspektiven zum *Abendmahl* und möchten so das Verständnis zu diesem Geschenk und Sakrament unseres Herrn und Heilandes Jesus Christus vertiefen.

Ostern 2023, *Hans-Jürgen Sträter*

Sieh, ich breite voll Verlangen

Sieh, ich breite voll Verlangen
sehnlich meine Arme aus,
möcht, Herr Jesus, dich empfangen,
komm doch in mein armes Haus!

Herr, ich kann dir gar nichts bringen;
sieh, ich komme arm und bloß.
Wo die Feierglocken klingen,
hol ich mir die Schätze groß.

Ich bin hungrig, gib mir Speise!
Ich bin arm, mach du mich reich!
Ich bin müde von der Reise,
bei dir ruht sich's warm und weich.

Oh, ich weiß, ich bin dein eigen;
oh, ich weiß du lässt mich nicht,
und du willst dich zu mir neigen,
wie's dein heil'ger Mund verspricht.

Willst mit allen deinen Gnaden,
deinem reichen Himmelsschein,
heut, zu heilen meinen Schaden,
bei mir Armen kehren ein.

Eleonore zu Stolberg-Wernigerode

Hier das Lied zum Anhören:

8

„Du bereitest vor mir einen Tisch im Angesicht meiner Feinde"
Psalm 23, 5a

Bei unserem Männerfrühstück geht es nicht nur darum, dass wir leckere Speisen zu uns nehmen, sondern auch, dass wir *Mahlgemeinschaft* pflegen und so geistliche Impulse bekommen. Zusammengefasst genießen wir in den aufgetischten guten Gaben Gottes eine Nahrung für Leib, Seele und Geist.

Im folgenden schlage ich nun eine Brücke zu dem Psalmwort: *„Du bereitest vor mir einen Tisch."*

Im alten Testament finden wir oft das Bild von Gott als den guten Hirten. *Psalm 23* spricht sogar von IHM als dem Hirten des einzelnen Menschen, denn Gott sorgt sich nicht nur um seine Herde insgesamt, sondern um jeden Einzelnen in ihr. Dieser Hirte weiß, was jeder braucht, schenkt Bewahrung, Hilfe, Nahrung und alles, was zum Leben benötigt wird.

Nach der Menschwerdung Gottes zeigt sich dieser als gute Hirte in Jesus Christus, der für die Seinen sein Leben lässt und ihnen das ewige Leben schenkt. Bezüglich der Auslegung der Schriften des Alten Testaments gibt Jesus nach seiner Auferstehung einen wichtigen Hinweis, demzufolge auch die Psalmen von ihm aus auszulegen sind. Hier verweist Psalm 23 schon auf Jesus Christus; das kann direkt auf das Heilige Abendmahl bezogen werden.

Des öfteren nahm Jesus mit seinen Jüngern an Festmahlen teil. Dabei war er immer der Eingeladene. Bei der Einsetzung des Heiligen Abendmahles ist das anders, hier ist der Herr der Einladende. Nun bereitet er selbst seinen Jüngern einen Tisch im Angesichts des Verrats an ihm und nahen Gefangennahme. Jesus gibt in Form von Brot und Wein seinen Leib und sein Blut, sein Lieben und Leben. Die Jünger sind nun wahre Tischgenossen Gottes.

Heute dürfen wir immer wieder dankbar sein, wenn die Gemeinde das Heilige Abendmahl feiert. Doch vor der Abendmahlsfeier befinden sich die Gläubigen in großer Bedrängnis, sie kommen mit Sünde befleckt zum Herrn. Und Satan, der Feind, klagt an: „Du bist als Sünder nicht würdig, Gemeinschaft mit dem Sohn Gottes zu haben, du bist dem Tod geweiht!" Aber Jesus Christus hat alle Schuld und Sünde auf sich genommen, er hat das „Lösegeld" bezahlt. Alle, die sich bußfertig zu Gott nahen, können Vergebung der Sünde erlangen. Satan, unser Feind, hat durch das Opfer von

Jesus verloren – deshalb muss er verstummen, seine Anklage hat keine Bedeutung mehr.

Feierlich und bedeutungsvoll erklingen im Gottesdienst die Worte: *„Jetzt ist der Tisch des Herrn bereitet!"* In gleicher Weise wie damals die Jünger können wir Tischgenossen des Herrn sein. Auch heute besteht die Möglichkeit, das Brot des Lebens zu genießen, was dem Verlangenden einen Vorgeschmack auf die ewige Gemeinschaft mit dem dreieinigen Gott, Unserem Vater, in seinem Reich schenkt.

So ist es uns Christen ein ernstes und doch freudiges Bedürfnis, beständig in der *Abendmahlsgemeinschaft* mit dem Herrn zu bleiben, denn so bekennen wir immer wieder seinen Tod, seine Auferstehung und Wiederkunft.

Der gute Hirte

Reicher König, Wirt voll Gnaden

Reicher König, Wirt voll Gnaden,
uns verlangt nach deinem Mahl,
hast auch heute uns geladen:
kommt, o kommt zum Abendmahl!
Was da mag an Erdentischen
Köstliches bereitet sein –
Herzen kannst nur du erfrischen,
Seelen sättigst du allein!

Friede, Segen, Heil, Erbarmen,
Liebe, Güte, Freundlichkeit –
damit speisest du die Armen,
tränkest sie mit Seligkeit!
Weltentrücket, wonnetrunken
ruhn sie aus von allem Leid.
Ganz in Jesu Lieb' versunken,
schmecken sie die Herrlichkeit.

Zwar der Weltlust Goldpokale
sehn wir hier nicht aufgestellt,
finden nichts beim Liebesmahle,
was den Sinnen wohlgefällt;
doch ein Brot wird hier gebrochen,
und ein Trank wird hier gereicht,
und ein Gruß wird hier gesprochen,
dem kein irdisch Labsal gleicht.

Seht, zu Tische sitzt der Meister
mit den Seinen. Welch ein Bild!
Teilet aus die Gnadengaben,
spricht zu jedem lieb und mild.
Ach, wie öffnen sich die Herzen,
ach, wie glänzt der Kinder Blick!
Wortlos fallen Dankestränen,
künden sel'ges höchstes Glück.

Karl Gerok

Hier das Lied zum Anhören:

Aus **„Das Abendmahl"** von Oda-Gebbine Holze Stäblein

„Vor einiger Zeit kam ein Gemeindebrief aus dem Sprengel bei mir in der Landessuperintendentur an, aus dem ich Ihnen ein paar Zeilen vorlesen möchte. Der Pastor schreibt: „Liebe Leser! Es ist Sonntag morgen. Ich stehe mit der Küsterin und einem Kirchenvorsteher in der Kirchentür. Ich wundere mich. Der Gottesdienstbesuch ist heute geringer als sonst. „Dat is doch normal," sagen mir die beiden. „Vandage is doch Kark mit Abendmahl! Dor kamen immer minner Lü!"

Aha! So ist das also in Ostfriesland. Gehört habe ich das schon öfter, dass viele, die sich ansonsten als gute Christen verstehen, um die Kirche einen Bogen machen, wenn das Abendmahl gefeiert wird. Jetzt habe ich es also nicht nur vom Hörensagen erfahren, sondern auch schwarz auf weiß. So ist es wirklich.

Speziell in Ostfriesland gibt es ein ausgeprägte ängstliche Scheu vor dem Abendmahl. Die Ostfriesen sagen: ‚Da steht doch überall unter den Altarbildern, die das Abendmahl darstellen:

Wer unwürdig isst und trinkt, der isst sich das Abendmahl zum Gericht. – Ja, wenn das so ist: weiß ich denn, ob ich würdig bin? Dann gehe ich doch lieber auf Nummer sicher und gehe gar nicht erst hin zum Abendmahl, dann kann ich auch nichts falsch machen.'

Das ist ja eine ganz alte Geschichte, die Abendmahlsscheu. Ich will sie kurz erzählen. Im 17. Jahrhundert hat es eine Erweckung gegeben, eine reformiert-pietistische, und strenger kann es kaum sein.

Da kamen Pastoren aus den Niederlanden nach Ostfriesland, die verkündigten: nur wer sündlos ist, wer schon ein bekehrter Mensch ist, d.h. mit einem Bein schon fast im Himmel steht, nur der kann das Abendmahl würdig empfangen. – Ja, und wer konnte denn von sich behaupten, er sei sündlos? Selbst frisch gebeichtet kann es doch passieren, dass einen irgendein böser Gedanke, irgendeine Versuchung anspringt – und schon ist es vorbei mit der Sündlosigkeit. Es gab damals Pastoren, die systematisch ihrer Gemeinde das Abendmahl verweigert haben mit der Begründung: Ihr seid nicht ohne Sünde, ihr seid nicht würdig.

Und diese Pastoren haben es geschafft, die Gemeinde vom Abendmahl ganz fern zu halten, sie zu entwöhnen. In einer Gemeinde in Ostfriesland ist sechzig Jahre lang kein Abendmahl gefeiert worden.

Wer Jahrhunderte lang eingebläut bekommen hat, dass das mit dem Abendmahl eine gefährliche Sache ist und dass man sich das sogar zum Gericht essen kann, also sich selbst um das ewige Leben bringen kann: dass der nicht mit Freude, sondern mit Angst und Bedrückung zum Tisch des Herrn Jesus kommt und dann eben lieber gar nicht geht: das kann ich absolut nachfühlen.

Und ein weiterer Grund für die Scheu ist sicher die scheinbar unlösbare Verbindung von Beichte und Abendmahl gewesen. Beichte, vorherige Anmeldung, schwarze Kleidung, als ginge man zu einer Beerdigung: wer da die Lust am Abendmahl nicht verliert, der muss schon einen sehr robusten Glauben haben!

Es ist Schaden angerichtet worden.

Nicht materiell; es ist ein tiefer und schwer zu heilender **geistlicher Schaden** entstanden. Den Christen ist eine wesentliche Gabe unseres Herrn schlicht vorenthalten worden.

Was ich heute leisten möchte, ist eine Art Aufräumarbeit. Das ist zunächst ein Stück Kopfarbeit, das Nachdenken darüber, was denn eigentlich mit dem Abendmahl gemeint war.

Die Kopfarbeit kann aber nur ein Teil der Lösung sein. Die eigentliche Veränderung, auch die Veränderung des Denkens, kommt durch eine andere Abendmahlspraxis. Und ich sage auch gleich, was ich gerne erreichen würde: Ich möchte Ihnen das Abendmahl lieb, wenigstens ein bisschen lieber machen."

Infos zu dem vollständigen Text auf Seite 56

14

Aus **„Die Begegnung mit dem Anderen** – Das Wagnis der Mission"
Vortrag von Kjell Nordstokke im VLKD

„Mission und Begegnung – oder, Begegnung und Mission? Wie verbinden wir diese zwei Begriffe, die unter dem Titel dieser Generalsynode der VELKD zusammengestellt sind? Kritisch könnten wir vielleicht behaupten, dass Mission wahre Begegnung ausschließt, weil Mission den Anderen bekehren und ihn in eine christliche Lebensweise einzuordnen versucht, und als solche eine klare Zielerfüllung hat. Wenn dies der Fall ist, ist Begegnung nur ein Mittel zum Zweck, nicht etwas, das in sich selbst Bedeutung hat. Genuine Begegnung setzt (dagegen) gegenseitigen Respekt voraus, auch einen Respekt für den Raum der Begegnung, so dass dieser nicht in eine Arena der Proselytenmacherei pervertiert werden darf.

Oder kann es sein, dass Mission so nicht recht verstanden worden ist, auch wenn solche Missionspraxis in der Vergangenheit öfter der Fall war? Dagegen wird jetzt vom Wagnis der Mission gesprochen, als Bewegung zur freien und offenen Begegnung mit dem Anderen, und als Raum neuer Erfahrungen, die den Begegnenden neue Perspektiven des Glaubens, Hoffens und Liebens zuteil werden lassen.

Im Folgenden werden wir zuerst weitere Überlegungen zu den Begriffen Mission und Begegnung präsentieren, um dann diese zwei Worte in nähere Verbindung zu bringen.

Dadurch hoffen wir, neue Perspektiven der Mission bearbeiten zu können, so dass Mission in unserer heutigen Lage der Kirche als *Wagnis* im positiven Sinn, als Möglichkeit und Lebensbedingung unser gemeinsamen Christseins gesehen werden kann.

Wie wir wissen, kommt das Wort Mission aus dem lateinischischen Wort *missio* und bedeutet Sendung. Der Bibel nach ist Gott das Subjekt dieser Sendung, und an erster Stelle handelt es sich um göttliche Sendung: Gott sendet den Sohn wie auch den heiligen Geist mit dem Ziel, Gottes gute Werke in der Welt zu vollbringen. Sendung heißt, auf den Weg zu bringen, sich in Bewegung zu setzen. Aber nicht eine willkürliche Sendung, sondern mit klarem Ziel: Die Begegnung mit dem Anderen.

Die Bibel spricht nicht nur von einem Gott, der sendet, sondern der selbst kommt, um Menschen zu begegnen.

In Genesis 18 wird dies als göttliche <u>Visitation</u> dargestellt. Drei Besucher kommen zu Abraham und Sara, die ihr Zelt im Hain Mamre aufgestellt haben. Nach orientalischer Sitte erfahren die Besucher vorbildliche Gastfreundschaft, sie werden zu Tisch eingeladen. Dann geschieht das Unerwartete: Das, was ihr Leben beschwert – nämlich dass sie ohne Nachkommen leben – wird angesprochen: die unfruchtbare Frau soll einen Sohn haben. Jetzt erst erfahren sie, dass derjenige, der sie besucht, Gott ist. Seine Visitation bringt gute Nachricht und wirkt Neues: Verwandlung, Versöhnung und Bevollmächtigung.

Auch im Neuen Testament wird häufig von der göttlichen Visitation erzählt, jetzt im Rahmen des Evangeliums. In Lukas 7 wird berichtet, dass Jesus den einzigen Sohn einer Witwe zurück ins Leben ruft. Als das Volk dies erfährt, sagen sie: „Gott hat sein Volk heimgesucht!"

Das griechische Wort hier ist επισκέπτομαι, das „sehen nach" bedeutet, zum Beispiel im Sinne eines Besuchs an Kranken und Leidenden, aber auch von der heilbringenden göttlichen Gnadenheimsuchung, so wie im Lobgesang des Zacharias (Lukas 1:68): „Gelobet sei der Herr, der Gott Israels! Denn er hat besucht und erlöset sein Volk!"

Ein anderes Beispiel lesen wir in Lukas 19, wo Jesus den Zöllner Zachäus besucht, und er sagt „Ich <u>muss</u> (δει με) heute in deinem Hause einkehren". Auch bei diesem Besuch, der als „notwendige" messianische Visitation dargestellt wird, geschieht tiefgreifende Verwandlung. Wo früher Habgier und Unrecht regiert hatten, wohnen jetzt Barmherzigkeit und Gerechtigkeit. Das wirkt die göttliche Mission.

Nicht unerwartet sind Visitation und Gastfreundschaft eng miteinander verbunden. Das haben schon die angegebenen Beispiele von Abraham und Zachäus gezeigt.

Andere Texte besingen die göttliche Gastfreundschaft. Psalm 23 preist Gott als Begleiter durch gefährliche Gegenden, der den Weg zum frischen Wasser leitet, und einen Tisch bereitet „im Angesicht meiner Feinde". In ähnlicher Weise lädt Jesus zur Tischgemeinschaft ein, auch Sünder und Zöllner, solche, die nach Meinung der maßgebenden Elite gar nicht da sitzen sollten, weil solche Leute seinen Ruf schädigen. Gerade diese erfahren am Tisch die Heilung ihrer Wunden und die Anerkennung ihrer Würde, als Bevollmächtigung zur Teilhabe am Leben der Gemeinschaft.

Die zwei LWB-Dokumente *Mission im Kontext* und *Diakonie im Kontext* benutzen beide die Erzählung der Emmausjünger aus Lukas 24 als Leitfaden für missionarisches Geschehen und demzufolge missionarisches / diakonisches Handeln. Dieses Geschehen enthält Begegnung, Weggemeinschaft, Visitation und Gastfreundschaft.

Zwei Jünger befinden sich auf dem Wege, dann kommt Einer und wandert mit ihnen. Hier sehen wir schon den ersten wichtigen Punkt der göttlichen Sendung: das Mit-Wandern in dem Kontext, in dem Menschen sich bewegen, ein Mit-Empfinden ihrer Erfahrungen, Erwartungen und auch Frustrationen. Das ist das erste Moment der missionarischen Begegnung.

Das zweite Moment ist das des Dialoges. Weil sie zusammengehen, dürfen auch kritische Fragen gestellt werden. Kann es sein, dass die Frustrationen in Kurzsichtigkeit begründet sind? Können die Erfahrungen anders dargestellt werden? Lässt sich dort Bedeutung finden, wo auf den ersten Blick alles sinnlos scheint? Neue Perspektiven eröffnen sich, die Jünger spüren, dass ihre Herzen anfangen zu brennen.

Als drittes Moment folgt die Einladung zur Tischgemeinschaft. Der Unbekannte nimmt die Einladung an, er setzt sich zu Tisch mit ihnen. Dann geschieht das Unerwartete: Der Gast nimmt die Rolle des Gastgebers an, als er das Brot nimmt und dankt, als er es bricht und ihnen gibt. Visitation und Gastfreundschaft fließen ineinander, so erfüllt sich die göttliche Mission. Das ist der Moment der Verwandlung, jetzt erkennen sie ihn. Es ist auch ein Moment der Versöhnung, als ihre Beziehung zu ihm geheilt und ihr Vertrauen in ihn wieder hergestellt wird. Und gleichzeitig ein Moment der Bevollmächtigung: die zuvor von Missmut und Furcht geprägt waren, eilen jetzt nach Jerusalem, um mit den anderen zu teilen, was sie erfahren haben.

In diesem Zusammenhang lese ich den Titel dieser Tagung: „Die Begegnung mit dem Anderen – das Wagnis der Mission".

Erstens lese ich darin die unermessliche Bedeutung der Begegnung mit dem Anderen: Begegnung nicht in erster Stelle als Pflicht, Auftrag oder Mittel, um bestimmte Absichten zu verwirklichen, sondern als grundsätzliche Bedingung menschlicher Existenz und Quelle zur Erneuerung unseres Glaubens, Hoffens und Liebens. Das alttestamentliche Wort: „Es ist nicht gut, dass der Mensch allein sei" gilt auch dem post-modernen und post-säkularen Menschen, der oft erfährt, dass seine hoch geschätzte Individualität (ich-bin-ich) plötzlich als Einsamkeit (ich-bin-allein) erlebt wird. Begegnungen mit anderen sind daher Gabe und Möglichkeit zur Gemeinschaft.

Das Wagnis der Mission fügt aber etwas Grundsätzliches dazu: Das Hoffnungsvolle liegt nicht in erster Stelle in der Begegnung mit dem Bekannten, mit Personen, die mir gleich sind, sondern mit dem Unbekannten.

In der Begegnung mit ihr oder mit ihm können neue Perspektiven sich eröffnen – zu Glaube, Hoffnung und Liebe.

Das Wagnis besteht darin, die Visitation und die Gastfreundschaft so zu gestalten, dass neue und unerwartete Begegnungen stattfinden dürfen. So wie Jesus spricht: „Wenn du ein Mittags- oder Abendmahl machst, so lade nicht deine Freunde noch deine Brüder noch deine Verwandten noch reiche Nachbarn, auf dass sie dich nicht etwa wieder laden und dir vergolten werde. Sondern wenn du ein Mahl machst, so lade die Armen, die Krüppel, die Lahmen, die Blinden, so bist du selig; denn sie haben's dir nicht zu vergelten, es wird dir aber vergolten werden in der Auferstehung der Gerechten." (Lukas 14:12-14)

Wir sehen gleich den Unterschied zwischen diesen zwei Arten Mittags- oder Abendmahl, und unser erster Gedanke ist sicher, dass das erste fröhlich und entspannt ist – mit Familie und Freunden – während das andere schwierig sein muss: so viel Elend wahrzunehmen, ohne klar zu wissen, was dabei heraus kommt. Wage ich das? Und wenn diese Gäste einfach bleiben wollen und mich nie wieder in Ruhe lassen?

Darüber sollten wir schon als Einzelpersonen, aber viel mehr als Gemeinde und Kirche nachdenken und uns provozieren lassen. Für die ersten Gemeinden war diese Praxis der Gastfreundschaft und Visitation grundlegend und als Kennzeichen ihrer Mission bekannt.

Der Verfasser des Hebräerbriefes mahnt seine Leser in dieser Praxis zu bleiben: „Gastfrei zu sein vergesset nicht; denn dadurch haben etliche ohne ihr Wissen Engel beherbergt. Gedenket der Gebundenen als die Mitgebundenen und derer, die in Trübsal leiden, als solche die auch noch im Leibe leben." (Hebräer 13:2-3)

Wie sollen wir diese Ermahnung heute in unserem Kontext lesen? Wir haben gerade gehört, wie junge Menschen Gemeinden in anderen Teilen der Welt besucht haben und dort Gastfreundschaft erfahren haben. Auf gleiche Weise könnten wir von Visitationen aus Schwesterkirchen in Afrika, Asien und Lateinamerika berichten, von Schwestern und Brüdern, die zu uns gekommen sind. Weniger als Beispiele, vielmehr als Zeichen sollten diese Erfahrungen gesehen werden, als Zeichen für unsere gemeinsame Sendung in die Welt, in der wir leben, und als Zeichen für unsere gegenseitige Zuwendung zu dem jeweils Anderen. Und zugleich: als Ausdruck der globalen Solidarität in einer Zeit, in der (wieder) gern versucht wird, Grenzen aufzubauen."

Infos zu dem vollständigen Text auf Seite 57

Beständig in Apostellehre

Hans-Jürgen Sträter, geb. 1953

Gerhard Milewski, geb. 1949

♩ = MM 104

Tenor

Baß

1. Be-stän-dig in A - po - stel - leh - re blieb schon die
2. In der Ge - mein-schaft froh wir blei - ben, im Lie - bes-
3. Be-stän-dig - keit auch im Brot - brech - en, bis hin zum
4. Bestand hat auch das treu - e Be - ten und Rin-gen

er - ste Chri - sten - schar. Auch heu - te ge - ben wir die
band um's Er - den - rund. Nichts kann vom Gu - ten Hirt' uns
Gro - ßen A - bend - mahl. Der Herr be - dek - ket uns' - re
oh - ne Un - ter - laß. In De - mut vor dem Herrn wir

Eh - re dem Heil'gen Geist, weil of - fen - bar, daß Gott uns
schei - den, auch kei - ne noch so schwe - re Stund', er - grei - fen
Schwä - chen, nimmt Herzens - not und See - len - qual und bie - tet
tre - ten, der sei - ne Kin - der nie ver - gaß. Noch bit - ten

führt in die - ser Zeit als Chri-sti Braut zur Herr-lich - keit.
wir die Va - ter - hand, die si -cher führt ins Hei - mat - land.
sei - ne Gna - de an, die dich und mich er - lö - sen kann.
wir: Ver - kürz'die Zeit; doch dan-ken dann in E - wig - keit.

20

Aus **„Ein Senfkorn für die Welt"** von Hans-Jürgen Sträter

Die Antrittspredigt* von Pastor Remmer Janssen in der St. Barbara Kirche Strackholt von 1877 mit dem Text aus der Apostelgeschichte 2, 42. *„Sie blieben aber in der Apostellehre, in der Gemeinschaft, im Brotbrechen und Gebet"*, war gleichzeitig sein Programm:

„Wie kann unser Gotteshaus eine Pforte des Himmels werden?

Wenn ich jetzt nach meinem Gang vom Altar zur Kanzel Euch zurufen soll, was mein Herz bewegt, so muss ich ausrufen: "O wie heilig ist diese Stätte, hier ist nichts anders denn Gottes Haus und die Pforte des Himmels." Ja wirklich, dieses Gotteshaus ist ein Gotteshaus, ein Bethel.

Das Gotteshaus ist für uns die Pforte, die enge Pforte des Himmels. Aber damit ist nicht gesagt, dass alle, die in dies Gotteshaus gehen, damit in den Himmel gehen, als wenn wir mit unserem Kirchengehen den Himmel verdienen könnten.

Nein, dies Gotteshaus ist ja nur die Pforte des Himmels, die enge Pforte des Himmels, die uns hier geöffnet wird.

Wer hier nicht eingeht durch die enge Pforte sondern vor der engen Pforte, obgleich sie weit genug geöffnet ist, stehen bleibt, geht hier nicht zum Himmel ein, wenn er auch sein Leben lang jeden Sonn- und Festtag zur Kirche geht.

Nicht jeder geht in den Himmel ein, der ins Gotteshaus geht, aber wer gerne einmal in den H i m m e l eingehen möchte, der geht sein Leben lang gern ins Gotteshaus.

Die Kirche bringt uns nicht in den Himmel, aber der Himmel bringt uns in die Kirche, und wen der Himmel nicht in die Kirche bringt, den bringt die Kirche nicht in den Himmel. Darum kommt denn von heute an in die Kirche mit dem Himmel im Herzen, mit einem himmlischen Verlangen und Sinn, sooft die Kirchentüren geöffnet werden.

Ich kann mir denken, dass Ihr in der ersten Zeit fleißig und zahlreich zur Kirche kommen werdet. Denn in der ersten Zeit, wenn ein neuer Pastor kommt, kommen viele aus Neugierde zur Kirche. Wird diese Neugierde nicht zur Begierde, dann ist es mit der Neugierde bald vorbei.

Die Neugierde ist eine Eintagsfliege und hat ein kurzes Leben, gewöhnlich nur einen Tag lang. Darum ist's nicht genug, wenn Ihr heute und in der ersten Zeit ins Gotteshaus kommt. Ihr müsst von heute an immer kommen.

Nicht genug, dass wir heute einen guten Anfang machen, es muss auch so bleiben und auch immer besser werden. Hierzu haben wir nichts nötig als Beständigkeit.

Zu solcher Beständigkeit ermahnt uns der verlesene Text.

So lasst euch denn, Geliebte, nach Anleitung unseres Textes heute bei meinem Eintritt zur Beständigkeit ermahnen und Euch unter Gottes Gnadenbeistand zurufen: Bleibt beständig!

Bleibt beständig in der Apostel Lehre!

Bleibt beständig in der Gemeinschaft!

Bleibt beständig im Brotbrechen!

Bleibt beständig im Beten!

<u>1. Bleibt beständig in der Apostel Lehre</u>

so heißt es in unserem Text von den ersten Christen.

Aber bevor dies von den ersten Christen gesagt werden konnte, war etwas anderes mit ihnen vorgefallen. Sie hatten Pfingsten gefeiert, sie hatten Buße getan über ihre Sünden, waren gläubig geworden an den Herrn Jesum, sieh hatten Vergebung der Sünden und den Heiligen Geist empfangen. Dies alles muss erst mit Euch geschehen sein, bevor ich euch sagen kann: Bleibet in der Apostel Lehre, denn solange dies nicht an Euch erfüllt ist, solange seid Ihr nicht in der Apostel Lehre, und wie könnt Ihr dann drin bleiben?

Sagt an: Habt Ihr denn alle ohne Ausnahme Buße getan?

Seid Ihr alle gläubig geworden?

Habt Ihr alle Vergebung der Sünden und den Heiligen Geist empfangen? Alle? "Ach nein", müssen die meisten klagen "was wollten wir wohl?" Bekennt's nur gerade so, wie's ist: Lasst's Euch nur sagen, wie's mit Euch steht.

Nicht wahr, Ihr seid alle getauft, konfimiert, seid auch einmal mit Christi Leib und Blut gespeist, weil's so Sitte ist, aber ohne gründliche Buße, ohne lebendigen Glauben an den Heiland, an Vergeltung und Gericht habt Ihr so in den Tag hinein gelebt und ganz nach Eurem Fleischessinn in dem alten Naturzustand Euer bisheriges Leben hingebracht, ohne einmal auch nur zu fragen: "Was will das werden?!" O, Ihr armen unglücklichen Seelen, bleibet stehen und höret doch und vernehmt der Apostel Lehre! Die Apostel lehren uns, dass wir allesamt Kinder des Zorns sind von Natur, dass wir allzumal Sünder sind, dass wir ohne den gekreuzigten und auferstandenen Heiland ewig verloren und verdammt sind.

Sie lehren uns aber auch, dass Jesus für uns gestorben und auferstanden ist, dass wir durch ihn von allen unseren Sünden, vom Tod und von der Gewalt des Teufels erlöst sind. Darum tut Buße und glaubet an den Herrn Jesum Christum, so werdet Ihr empfangen Vergebung der Sünden und die Gabe des Heiligen Geistes.

Ist das große Wunder der Pfingsten an euch geschehen, dann :

"Bleibet in der Apostel Lehre!"

Es ist ein großer Unterschied, ob ich in einem Hause als Eigentümer oder als Mietsmann wohne. Ich kann der Apostel Lehre angenommen haben als bloße Lehre, als leere Lehre oder als volles Leben, als Redensart oder als Lebensart, und das ist ein großer Unterschied. Darum bleibet in der Apostel Lehre, aber bleibet recht drin. Bleibt nicht so drin, dass der Apostel Lehre ein toter Buchstabe ist, der Euch tötet, oder eine laue Redensart, die Ihr im Munde führt, bei der aber weder Hand noch Fuß sich rührt. Nein, bleibet so drin, dass Euch der Apostel Lehre zur Lebensart wird.

Es ist ein Krebsschaden der heutigen Christenheit, dass das Christentum jetzt eine Lebensart sondern nur eine Redensart ist. Der apostolische Glaube wird mit dem Munde in allen Gotteshäusern bekannt, aber nicht mir dem Herzen geglaubt.

Man glaubt seinen Glauben nicht und lebt seines Glaubens nicht. Man redet im Leben von Weltverleugnung und lebt in aller Weltfrömmigkeit und Weltseligkeit dahin.

Man redet von Opferfreudigkeit und lebt im ärgsten Geiz.

Wollt Ihr so in der Apostel Lehre bleiben, dann seid Ihr noch nie drin gewesen. Nein, bleibet recht in der Apostel Lehre. Wenn ich Euch in Zukunft der Apostel Lehre predige, dass Ihr verdammt seid ohne den Heiland, dann glaubt Euren Glauben und lebt Euren Glauben in Welt - und Selbstverleugnung in Opferfreudigkeit. Weiter bleibt beständig in der Apostel Lehre. Wenn der Teufel Euch die Buße anfechten will mit Zweifel, Unglauben, wenn die Welt Euch verfolgt mit Spott und Hohn, wenn Euer eigenes Fleisch Euch quält mit Trägheit und Unlust, bleibet beständig!

Ganz besonders auch, wenn Leute kommen und wollen Euch mit Menschenpfündlein von der reinen Apostellehre ablocken, bleibet beständig! Wenn Ihr aber fühlt, dass Ihr allein nicht standhalten könnt, so hört denn:

2. Bleibet beständig in der Gemeinschaft!

Es wird in unserer Zeit viel darüber geklagt, dass es so viele Spaltungen und Sekten in unserer Kirche gibt.

Die Klage ist begründet. Aber worin liegt der Grund? Es fehlt an der Gemeinschaft in den Gemeinden. Jeder Christ ist ein Christ für sich. Daher kommt das tote Wesen, das kalte Wesen.

Wenn ein Feuer auseinander geworfen wird, so ist's bald ausgegangen, bleibt's aber zusammen, so brennt's länger. Darum, meine Lieben, mehr Gemeinschaft! Lasset uns mehr Gemeinschaft pflegen in Versammlungen, im täglichen Umgang. Damit Ihr aber zum Bleiben in der Apostel Lehre und zur Gemeinschaft möget gestärkt werden, höret:

3. Bleibet im Brotbrechen!

Es gibt so viele Christen, die gerne an der Himmelsleiter hinaufsteigen möchten, aber sie können nicht hinauf – sie haben keine Kraft. Woher kommt das? Sie bleiben nicht im Brotbrechen. Das Brot gibt Kraft.

Darum bleibet im Brotbrechen: Seid Ihr bis jetzt im Brotbrechen geblieben? Ich fürchte, die meisten werden bekennen müssen: Ach ja, ich habe einmal, als ich konfirmiert wurde, das gesegnete Brot des Abendmahls genossen, aber seitdem nicht wieder. O mein Christ, wärest Du doch drin geblieben! Denn ich weiß, es ist mit Dir zurückgegangen, seitdem Du das gesegnete Brot nicht gebrochen, Du bist kraftlos und schwach geworden, darum kehre wieder und komme zum Tisch des Herrn, das Brot zu brechen.

Sieh, wenn Dein Heiland seinen Leib hat für Dich brechen lassen im Tode, so solltest Du nicht kommen, das Brot zu brechen in seinem Abendmahl? Sieh!, wenn Du hier auf Erden das Brot nicht essen wirst, so wirst Du es auch nicht essen im Reiche Gottes. Darum kommt und bleibet im Brotbrechen! Ja, wenn Ihr einmal geschmeckt habt und gesehen, wie freundlich der Herr ist, so werdet Ihr bleiben im Brotbrechen, Ihr werdet nicht wieder den Tisch des Herrn verlassen.

Wenn Ihr auch manchmal Euch unwürdig fühlen möget, so betet, dass Ihr würdig werdet und kommt. Bleibt nicht weg vom Tisch des Herrn sondern: Bleibet im Brotbrechen bis an Euer Ende, bis Ihr droben das große Abendmahl halten werdet. Wenn Ihr so die Gnadenmittel des Worts und Sakraments in rechter Gemeinschaft gebraucht und beständig bleibet in der Apostel Lehre, in der Gemeinschaft und im Brotbrechen, so wird Euch das Gotteshaus gewiss zur Pforte des Himmels. Damit Ihr aber diese Gnadenmittel recht gebrauchen könnt, möchte ich Euch noch ein Mittel empfehlen, das auch zum rechten Gebrauch helfen kann, nämlich das Gebet, und sagen:

4. Bleibet beständig im Gebet!

Ihr betet gewiss alle, denn Beten ist das erste, was ein Sünder tut, und das letzte, was er lässt, d. h., solange Gottes Geist in ihm wirkt. Aber Beten und Beten ist zweierlei. Manche beten wie der Prophet klagt: Ihr nahet Euch zu mir mit den Lippen, aber mit dem Herzen seid Ihr ferne von mir.

Das ist so, wie der Heiland sagt, dass sie plappern wie die Heiden und meinen, dass sie erhört werden, wenn sie viele Worte machen. Darum recht beten! Der Apostel sagt: "Ohne Unterlass." Ihr betet vielleicht am Abend und am Morgen, wenn Ihr euch niederlegt und aufsteht, aber bei der Arbeit wird das Beten unterlassen. Das ist verkehrt. Beten und arbeiten heißt nicht, erst beten und wenn das Beten abgemacht ist, dann arbeiten, nein, sondern beten und arbeiten zugleich. Wer bei der Arbeit Gott ruft an, wird finden, dass er wohl getan. Darum bleibet im Gebet. Aber für wen denn?

Da mögt Ihr mit Euch selber anfangen. Dann betet für die Euren, für Mann und Weib und Kind, für Knecht und Magd, für Freund und Nachbar, für die Gemeinde, für die Kranken, Armen, Alten und Sterbenden, für Prediger und Lehrer, für Heiden, Juden und Türken, für Verfolger und Feinde, für alle Menschen. Ganz besonders bitte ich einen jeden von Euch: Betet für mich!

So lasst uns bleiben im Gebet, damit täglich Tausende von Gebeten zum Gnadenthron Gottes emporsteigen. Dann wird das Gebet auch zur Himmelsleiter und das Gotteshaus zur Himmelspforte. Darum bleibet im Gebet!

Tut Ihr das, so werdet Ihr das andere nicht lassen können, Ihr werdet auch bleiben in der Apostel Lehre, in der Gemeinschaft und im Brotbrechen.

So lasst uns denn zum Schluss die Hände ineinander legen – legt Eure Hand in meine Hand – ich lege meine Hand in des Herrn Hand und lasst uns geloben: Ja, wir wollen beständig bleiben in der Apostellehre, in der Gemeinschaft, im Brotbrechen und im Gebet, ja, mit Gottes Hilfe!

Lasst uns darauf singen: Die wir uns allhier beisammen finden, schlagen unsere Hände ein, uns auf deine Marter zu verbinden, Dir auf ewig treu zu sein, und zum Zeichen, dass dies Lobgetöne deinem Herzen angenehm und schöne, sage Amen und zugleich: Friede! Friede! sei mit Euch! Amen! Amen!"**

* siehe auch „Pastor Remmer Janssen – Ein Brief Christi" von Günter Maske, Seite 21ff, 1957 von Johannes Mindermann aus Ostgroßefehn herausgegeben

** „Der apostolische Freimut Janssens, seine Selbstdisziplin und seine äußerste Bedürfnislosigkeit waren unnachahmlich und wirkten doch vorbildhaft ins ganze Land hinein, obschon die Erweckung als solche auf Strackholt und Umgebung beschränkt blieb. "

Zitat von Prof. Gustav Adolf Benrath, „Geschichte des Pietismus" Band 3, Verlag Vandenhoeck & Ruprecht

Infos zu dem vollständigen Text auf Seite 58

Wir hören dich fragen:

Was wollt ihr hier
beim Mahle?
Was sollen
wir wollen?
Dich, Herr.
Wir fragen: Wo wohnst du?
Dich fasst doch kein Kelch,
keine Schale.

Du sagst: Kommt, esset, dann seht
ihr und wisst,
dass euer Glaube, wo immer ihr geht
und leidet und liebt,
meine Wohnung ist.
Darin bleibt ihr
in mir.
Silja Walter, zu Joh 1,38-39

Schmücke dich, o liebe Seele

Schmücke dich, o liebe Seele,
lass die dunkle Sündenhöhle,
komm ans helle Licht gegangen,
fange herrlich an zu prangen;
denn der Herr voll Heil und Gnaden
will dich jetzt zu Gaste laden;
der den Himmel kann verwalten,
will jetzt Herberg in dir halten.

Heilge Lust und tiefes Bangen
nimmt mein Herze jetzt gefangen.
Das Geheimnis dieser Speise
und die unerforschte Weise
machet, dass ich früh vermerke,
Herr, die Größe deiner Stärke.
Ist auch wohl ein Mensch zu finden,
der dein Allmacht sollt' ergründen?

Jesu, meine Lebenssonne,
Jesu, meine Freud und Wonne,
Jesu, du mein ganz Beginnen,
Lebensquell und Licht der Sinnen:
hier fall ich zu deinen Füßen;
lass mich würdiglich genießen
dieser deiner Himmelsspeise
mir zum Heil und dir zum Preise!

Ach wie hungert mein Gemüte,
Menschenfreund, nach deiner Güte!
Ach wie pfleg ich oft mit Tränen
mich nach dieser Kost zu sehnen!
Ach wie pfleget mich zu dürsten
nach dem Trank des Lebensfürsten,
dass in diesem Brot und Weine
Christus sich mit mir vereine!

Nein, Vernunft, die muss hier weichen,
kann dies Wunder nicht erreichen,
dass dies Brot nie wird verzehret,
ob es gleich viel Tausend nähret,
und dass mit dem Saft der Reben
uns wird Christi Blut gegeben.
O der großen Heimlichkeiten,
die nur Gottes Geist kann deuten!

Herr, es hat dein treues Lieben
dich vom Himmel hergetrieben,
dass du willig hast dein Leben
in den Tod für mich gegeben
und dazu ganz unverdrossen,
Herr, dein Blut für mich vergossen,
das uns jetzt kann kräftig tränken,
deiner Liebe zu gedenken.

Jesu, wahres Brot des Lebens,
hilf, dass ich doch nicht vergebens
oder mir vielleicht zum Schaden
sei zu deinem Tisch geladen.
Lass mich durch dies Seelenessen
deine Liebe recht ermessen,
dass ich auch, wie jetzt auf Erden,
mög' dein Gast im Himmel werden.

Johann Franck

Aus **„Das ist mein Leib, mein Blut"** von Klaus P. Fischer

„Mein Leib"

Erwägen wir das erste: „Das ist mein Leib"(28).

Nun hat Jesus im Kreise seiner Jünger weder deutsch noch griechisch oder lateinisch gesprochen, sondern aramäisch oder hebräisch. Die Deuteworte, wie das NT sie überliefert, sind Übersetzungen, zuerst ins Griechische, damals internationale Verkehrssprache (vor dem Latein). In semitischen Sprachen entfällt das Hilfszeitwort „ist" (*estín, est*), das die indogermanischen Sprachen setzen. Ins Deutsche umgesetzt, sagt Jesus daher: „Das/dies mein Leib". Wir spüren: so hat die Aussage stärker hinweisende, pointierende Funktion.(29)

Die früh- und spätmittelalterlichen Streitigkeiten um das „ist" (hat das Hilfszeitwort reale oder symbolische Bedeutung?)(30) erübrigen sich also aus sprachlicher Sicht. Um das „ist" müssen wir uns nicht weiter kümmern, weil es in der von Jesus gebrauchten Sprache entfällt, daher bedeutungslos ist.

Wesentlich aber ist die Frage, was gemeint sei mit „Leib", genauer „mein Leib". Weder griechische noch lateinische Wiedergabe (*sōma, corpus*) helfen da weiter. Im abendländischen Raum hat ein Wort wie „Leib" oder „Körper" eine engere Bedeutung als im semitischen Wortfeld der Bibel.

Doch kommt das Joh-Evangelium zu Hilfe. In seiner „Brotrede" sagt Jesus dort: „Das Brot, das ich gebe, ist *mein Fleisch* für das Leben der Welt" (6,51).

In Auseinandersetzung mit „den Juden" bekräftigt er, ewiges Leben sei gebunden an das Essen „seines Fleisches" und das Trinken „seines Blutes" (vv 53-58). Seine Zuhörer sind schockiert, wenden sich ab: „Wie kann uns der da sein Fleisch zu essen geben"? (v 52).

(28) In griechischer Fassung: τοῦτό ἐστιν τὸ σῶμά μου, Lateinisch (Vulgata): *hoc est corpus meum*

(29) Ähnlich *Schlink*, 494

(30) Vgl. die *Marburger Disputation* (von 1529) zwischen *Luther* u. *Zwingli* um das rechte Verständnis des Abendmahls u. des „ist", anschaulich dargestellt zB bei *Friedenthal*, 619f; *Lortz*, 44f.

Vom Trinken „seines Blutes" reden sie erst gar nicht, war es doch Israeliten von altersher bei Todesstrafe verboten, irgendwelches Blut zu genießen (Lev 3,17; 7,26; 17,10). Beim Schlachten (*šachat*) soll anfallendes Blut nicht genossen, sondern auf die Erde gegossen werden (Dtn 12,16 – daher die jüdische Schlachtform des Schächtens). Als Begründung für das Verbot des Blutgenusses erklärt das Gesetz (Lev 17,11.14): „Das Leben (*nefeš*) des Fleisches (*bāsār*) ist [im] Blut (*badām*)", und umgekehrt (Dtn 12,23). Leben, konkreter: das Lebendige, Atmende, Schnaufende, Begehrende u.ä. hat seinen Sitz im Blut.

Als der johanneische Jesus zum Trinken seines Blutes auffordert, können die Zuhörer es nur als grobe Provokation, als Aufruf zum Bruch des Gottes-gebotes (miss-)verstehen. Das Joh-Evangelium sucht die Paradoxie und den Schock, damit die Hörer / Leser lernen, tiefer zu blicken, statt am Vorder-gründigen, Buchstäblichen haften zu bleiben. So sind auch die Aussagen „Ich bin das Brot des Lebens", „... das lebendige Brot" (6, 48.51) gemeint.

Die Bibel-Gelehrten weisen nun, um die ursprüngliche Wortwahl Jesu und damit den eigentlichen Sinn zu erhellen, fast einhellig auf den Ausdruck „Fleisch" beim johanneischen Jesus hin. Der Vergleich zwischen dem Wortlaut der Deuteworte bei Paulus / Lukas mit Johannes ergibt eine deutliche Übereinstimmung:

<u>Joh</u>: *Das Brot, das ich geben werde, ist mein Fleisch für das Leben der Welt* (Joh. 6,51)

<u>Paulus</u>: *Dies Meinige (= das Brot) ist mein Leib, der für euch* (1Kor 11,24) gegeben wird (Lukas)

Die Gleichsetzung von „Leib" (in den Deuteworten bei Paulus/Lukas und Markus/Matthäus) mit „Fleisch" (bei Johannes) gilt als gesichert.[31] „Fleisch" bezeichnet in der Bibel den konkreten Menschen, im Licht Gottes freilich ein schwaches, vergängliches Geschöpf.[32]

---

(31) Auch Paulus kennt sie (Röm 8,13), und in der Septuaginta (griech. Übersetzung des AT) wechseln die griechischen Vokabeln für „Fleisch" (sárx) und „Leib" (sōma), um das hebräische Wort *bāsār* wiederzugeben. Vgl. *Jeremias*, 191ff; *Betz*, 38ff. [Die – von *Jeremias* erschlossene – hebr. Version (mit dem Blut-Wort) lautet: זֶה בְשָׂרִי זֶה דָמִי]

(32) Vgl. *Wolff*, 49-56

In griechischer Sprache (ähnlich wie im Deutschen) hat „Fleisch" aber *nicht* diese besondere, biblische Bedeutung. Daher bot sich der Begriff „sōma", „Leib", an: in den indogermanischen Sprachen kommt er der genannten biblischen Bedeutung von „Fleisch" nahe, weil er das konkret-vergängliche Wesen des Menschen mit meint. Was aber meint Jesus mit „*mein* Leib"? Da Jesus und die Jünger biblisch-semitisch dachten und sprachen, gibt biblischer Sprachgebrauch Aufschluss: „Fleisch" (*bāsār*) meint, wie gesagt, den konkreten, vergänglichen Menschen.

Im Buch der Spruchweisheit sagt der Einsichtige über die Worte der Weisheit: „Leben (*chajjim*) sind sie für den, der sie findet; und für sein ganzes Fleisch eine Arznei" (Spr 4,22). Paulus – Schriftgelehrter und Missionar in Person – verwendet die Worte „Fleisch" (*sárx*) und „Leib" (*sōma*) wechselweise. An mehreren Stellen erkennt man, dass Paulus mit „Leib" nicht einen Teil des Menschen, sondern den ganzen Menschen meint: den Menschen eben, wie er „leibt und lebt". Mit Leib oder Körper (*sōma*) meint er also den leibhaftig-konkreten *Menschen*. Er erwähnt z.B., alle müssten einmal erscheinen vor dem Richterstuhl Christi, damit einem jeden vergolten werde dafür, was er getan „durch seinen Leib" – nämlich *durch seine leibliche Existenz hindurch* (*dià toū sōmatos* – 2Kor 5,10). Dann zitiert er Kritiker, die verbreiten, des Paulus Briefe zwar seien „stark", „die Anwesenheit des Leibes" (*parousía toū sōmatos*) aber, also sein persönliches Auftreten – seine *live-Auftritte,* sozusagen – sei hingegen „schwach" (2Kor 10,10). Mit Leib/Körper (*sōma*) also ist der leibhaftige Mensch ´in Person` gemeint. *Zusammengefasst* meint der *Begriff Leib in der Bibel*: „Der Leib ist nicht ein Gegenstand, den wir besitzen, ... er ist nicht nur die Naturgrundlage und das Werkzeug, ... sondern er ist die lebendige Gestalt unseres Wesens, der notwendige Ausdruck unseres individuellen Daseins, in dem der Sinn unseres Lebens die Verwirklichung finden soll.

Darum ... ist er in allen seinen Teilen als Träger des geistig-persönlichen Lebens verstanden, das unter dem Anruf Gottes steht und seinen Adel darin hat, Bild Gottes zu sein".(33)

(32) Vgl. *Wolff*, 49-56

(33) *Eichrodt*, 98

Mein gesamter Leib, alle Teile und Gliedmaßen, bin „ich selbst" in Raum und Zeit.

Mit „mein Leib" meint Jesus in den Evangelien daher nichts anderes als sich selbst: „Das bin ich (in Person)".(34) Nämlich ´ich als dieser sterbliche Mensch, euch vertraut, der euch die ankommende Gottesherrschaft verkündet hat (Mk 1,14f), der jetzt aber dem (frühen, gewaltsamen) Tod nicht entrinnen kann, sondern ihn auf sich nehmen muss. Die Gottesherrschaft wird kommen trotz meines Todes, durch meinen Tod hindurch` (vgl. Mk 14,25 / Mt 26,29; Lk 22,16 / 1Kor 11,26).

Mit „mein Leib" meint Jesus sich als *Menschen*. Man sollte dem „Leib" hier nicht dogmatisch den Gottessohn unterlegen, sondern Jesus als den leibhaftigen Menschen verstehen, der freilich in und aus einer elementaren Treuebeziehung zum „Vater" lebt, gerade auch hier und jetzt, eine Treue, die jedoch bis ins Äußerste durchgeschüttelt werden wird (Mk 14,32-42 Par). Es ist Jesus unmittelbar vor der Ankunft in Getsemani, vor Verhaftung, Verleugnung durch Petrus und Flucht der Jünger. Man sollte also bei „mein Leib" die wahre Menschlichkeit Jesu, die in Todesangst zittert (Mk 14,34 Par; Lk 22,44; Hebr 5,7), mitbedenken.

Natürlich war und ist Jesus für die Augen des Glaubens die Person gewordene Selbst-Mitteilung *Gottes*, des Gottes, der bei und mit den Menschen ist und sein will, die auf ihn trauen (Gen 21,22; 26,3.24.28; Ps 23,4 usw); des Gottes, der selbst Leben und Quelle von Leben ist (2 Kön 19,14; Ps 18,47; 36,10; 42,3 usw).

Dieser Gott, als Immanu-El selbst das mit-gehende Leben, will sich in Jesus, der ihm auch in Todesangst *treu* bleibt, selbst mit-teilen mittels des geteilten Brotes, mittels der Teilhabe am Weinbecher. So geschieht diese Selbst-mitteilung auf wahrhaft menschliche Weise, die auch deren Grenze, die Angefochtenheit, nicht scheut.

Dieser Zusammenhang wird im nächsten Wort noch deutlicher.

---

(34) So auch zB *Pesch*, 71; *Welker*, 98; daher kann man von „Personalpräsenz" (die ´Realpräsenz` verdeutlichend) Christi in der Eucharistiefeier sprechen – doch erfasse auch dieser Begriff nicht alle Aspekte: ebd, 99-107. Vgl. *EKD*, 27f !

2.4. „Mein Blut"

Paulus erinnert die Korinther Christen: „Der Becher der Preisung, über dem wir die Preisung sprechen, ist er nicht Gemeinschaft mit dem Blute des Christus?" (1Kor 10,16)

Was meint „das Blut" des Christus? Achten wir auf die Überlieferung der Deuteworte und die Unterschiede darin:

Mk 14,23-24	**Mt 26,27-28**
Und er nahm einen Becher (und) sagte Dank,	
gab ihnen,	
und tranken alle	und sagte: Trinkt alle
aus ihm.	aus ihm!
Und er sprach	Denn
zu ihnen:	
Dies ist	dies ist
mein Blut des Bundes,	*mein Blut des Bundes*
(s. Ex 24,8)	
das ausgegossene	das um vieler willen
für viele	ausgegossene
	zum Nachlass
	von Sünden (s. Jer 31,34)

Lk 22,17 + 20	1Kor 11,25
Er nahm den Becher,	(Er nahm) ebenso
Dank sagend sprach er:	auch den Becher
Nehmt diesen und	nach dem Mahl
Verteilt ihn auf euch!	
... und er sprach:	und er sprach:
Dieser Becher (ist)	*Dieser Becher ist*
der neue Bund	*der neue Bund*
	(s. Jer 31,31)
in meinem Blut,	*in meinem Blut*
das für euch	(für unsere Sünden:
ausgegossene	1Kor 15,4)

Die bekannten vier offiziellen, römischen Hochgebete mit identischem Kern-Text formulieren eine Mischung aus den neutestamentlichen Vorgaben:

NEHMET UND TRINKET ALLE DARAUS (Lk + Mt)

DAS IST DER KELCH DES NEUEN UND EWIGEN BUNDES (Paulus + Lukas)

MEIN BLUT, DAS FÜR EUCH UND FÜR ALLE [wörtlich: VIELE] VERGOSSEN WIRD

ZUR VERGEBUNG DER SÜNDEN

(Markus + Matthäus)

34

Eine grobe, mit handfesten Allegorien arbeitende Deutung ist sich ihres spontanen Verständnisses sicher: „mein Blut" weise, meint sie, auf Jesu Tod am Kreuz; auf ihn spiele Jesus an; ist doch die Annagelung der Glieder (nach der Geißelung) ein blutiges Geschäft. Wie selbstverständlich geht diese Deutung davon aus, Jesus sei schließlich verblutet, am Blutverlust gestorben (daher sein Ruf „mich dürstet!").

Ähnlich deutet sie das Brechen des Brotes auf den Tod Jesu: die Henker hätten den Leib Jesu „gebrochen" (dagegen spricht allerdings Joh 19,33), zerstückelt, d.h. zum Tode befördert. Aus solcher Deutung scheint zu folgen, der gewaltsam-blutige Tod Jesu habe in sich das *erlösende* Gewicht.

Es habe dieses blutigen Todes, den Jesus zu erdulden hatte, bedurft, um die Menschen zu erlösen. Die Deutung sieht sich gar durch die Farbe des Rotweins (blut-rot) bestätigt.

Diese Darstellung ist ebenso beliebt wie spekulativ.(35)

Sie bestätigt die für selbstverständlich genommene Überzeugung: „Größeres als Anteil an der erlösenden Kraft seines Todes hat Jesus nicht zu geben" (Jeremias, 228; vgl. Schlink, 495).

Doch ist diese vermeintlich naheliegende Sicht ernsthaften Einwänden ausgesetzt.

Sicherlich floss nicht wenig Blut bei Jesu Kreuzigung. Doch war den Menschen, die Hinrichtungen am Kreuz öfter vor Augen hatten, bekannt, dass Gekreuzigte nicht an Blutverlust starben, sondern an Sauerstoffmangel, also erstickten (Kreislauf-Kollaps). Das Brechen der Beine beschleunigte dieses Ende. Der Kreuzes-Tod war gerade kein Tod nach Art des Schächtens, wo der Schlächter auf das Ausbluten des Tiers achtet und sein Blut sorgsam ausgießt bzw auffängt. Im Hintergrund steht vielmehr das Blut in der erwähnten Bedeutung, nämlich als Sitz des Lebens, die ja die Begründung für das Verbot des Blutgenusses liefert. Blut erscheint hier – in Jesu Deutewort – in der Bedeutung von *Leben*. Das Possessivpronomen „mein" besagt also *Jesu* Leben.

(35) So massiv in dem in dieser Denkart beheimateten, 1928 neu aufgelegten Werk des Kapuziners *Martin von Cochem*, Das heilige Messopfer (von 1698).

Ein *weiterer Aspekt* kommt hinzu: der Begriff „Bund". In der Mk/Mt-Fassung ist die Rede vom „Blut des Bundes" oder vom „Bundesblut".

Bei Paulus und Lukas ist „Bund" sogar der führende Begriff, dem Blut vorgeordnet, wie es später auch im römischen Hochgebet formuliert ist. „Bund" ist noch präzisiert, indem vom „neuen" Bund die Rede ist.

Das nimmt Bezug auf die Ankündigung eines „neuen" Gottes-Bundes, den Gott anstelle des ersten Bundes schließen werde, weil Israel diesen gebrochen habe (Jer 31,31f). Der erste Bund aber wurde mit Blut geschlossen (Ex 24,8). Junge Männer hatten Stiere geschlachtet, und Mose besprengt mit dem aufgefangenen Blut sowohl den Altar (er vertritt JHWH) als auch das Volk, zum Zeichen für die Schließung eines Bluts-, d.h. *Lebens*-Bundes zwischen Gott und Israel. Beide Partner stehen für den Bund mit ihrem Blut, d.h. mit ihrem Leben, ein. „Blut" meint also nicht den Tod, was ja im Blick auf Gott (Altar-Besprengung) widersinnig wäre. Zuvor verliest Mose vor dem Volk die Bundesurkunde – die von Gott gegebene Weisung zum Leben und Gedeihen des Volkes –, und das Volk stimmt ihr feierlich zu. Danach gehen Mose, Aaron und die siebzig Ältesten zu Gott auf den Berg zu Mahl und Umtrunk, worin die neu geschlossene Lebensgemeinschaft und Freude an ihr feierlich begangen werden (Ex 24,11).

Der Focus liegt daher auch bei Jesu Stiftungswort auf dem *Bund*. Denn hier gewährt Gott durch Jesus einen Bund, einen *neuen* Bund, dessen Schließung in dem menschlichen Ursymbol von Mahl und Trank begangen wird. *„Mein* Blut" besagt dabei das *Mittel, nicht* den *Zweck*! M.a.W. ist nicht Jesu Tod die Zielabsicht, sondern der Tod – nicht insofern er gesucht, gar vom „Vater" verhängt, sondern insofern er von Menschen *zugefügt* und so von Jesus akzeptiert wurde – ist das Mittel zum Ziel („neuer Bund").

Darin erhellt auch der Sinn der Beifügung „vergossen". Das ist aber wohl kaum exakt übersetzt.

Sprachliche Anmerkung: Die griechische Wendung lautet *(tò haima) ekchynnómenon. Ekchýnō* ist späte Nebenform von *ekchéō, ausgießen*. Die Septuaginta-Fassung von Dtn 12,16, wo bestimmt wird, das Blut (des Opfertiers) solle nicht genossen, sondern wie Wasser zur Erde ausgegossen werden, hat für ´ausgießen` eben dieses griechische Wort (*ekchéō*).

Es steht für das hebräische Wort *š p ch*, häufig auch für das Ausgießen von Opferblut verwendet (vgl. Dtn 12,27).

Erinnern wir uns der Begründung, die für das Ausgießen des Opferblutes gegeben wird: das Blut ist Sitz des Lebens, das Leben aber – so auch sein Träger, das Blut – ist von Gott / JHWH gegeben und gehört JHWH (Lev 17,10-14)(36) Das Ausgießen des Blutes auf die Erde wie das Besprengen des Altars, der „Hörner" (beim Sühnopfer) des Altars (Sitz Gottes), verdeutlichte die Rückgabe des Blutes / des Lebens an Gott. Die Übersetzung „ausgegossen" (gemäß dem griechischen Wort-laut – statt „vergossen") legt daher die Betonung nicht auf das ´Blutvergießen`, sondern auf die Rückgabe des Lebens an Gott.

Indem Jesus „mein Blut des Bundes, ausgegossen" formuliert, meint er die Hingabe seines Lebens an Gott; opferkultisch gesprochen, die Rückgabe seines Lebens an Gott.

Die Hingabe seines Lebens an Gott umschreibt Jesu gesamte Existenz (im NT gewürdigt als „Gehorsam"), die *im Tod definitiv*, endgültig wurde.

Es ist primär nicht auf das Blut-Vergießen als zum Tod führendes Leiden zu achten, sondern auf Jesu Hingabe seines ganzen Lebens (anschaulich in seinem Blut) an den „Vater". Wegen der Widerstände und Machenschaften der damals führenden Kreise, also wegen der historisch-politisch-psychologischen Begleitumstände lief die Selbsthingabe Jesu an Gott auf die *Annahme des ihm zugefügten Verbrecher-Todes* hinaus – ohne dass daraus zu schließen wäre, Jesu Tod – zudem dieser Tod – sei in sich gottgewollt gewesen. Schon die frühe Kirche bekennt ja die *Freiheit*, mit der Jesus das Leiden auf sich nahm und in den Tod ging. Wer also den Tod Jesu „Opfer" nennt, muss im Blick behalten, dass es sich um eine freie Tat Jesu handelte, eine Selbst-Gabe, in diesem Sinne ein Selbst-Opfer.

Die Meditation fand dafür ein Vorbild in jener geheimnisvollen Gestalt, von der es im 4. Lied vom Gottesknecht heißt, er habe „sein Leben ausgegossen zum Tod". (Jes 53,12)(37)

---

(36) *Volz*, 130f; *Betz*, 46; *Noth*, 113

(37) Hebräische Bibel: הֶעֱרָה לַמָּוֶת נַפְשׁוֹ. LXX: παρεδόθη εἰς θάνατον ἡ ψυχὴ αὐτοῦ.

Das griechische AT übersetzt hier nicht wörtlich, sondern sinngemäß: „sein Leben (*psyché*) wurde übergeben in den Tod". Besser müsste man jedoch übersetzen: „er übergab sein Leben (seine Seele) in den Tod".

Sprachlich-fachliche Anmerkung: Das hebräische Wort (Hifil-Form von עָרָה) ist eindeutig *aktiv*: er goss aus (sein Leben). Daher ist (soll die LXX-Übersetzung bestehen) die griechische Form παρεδόθη als Passiv der Zulassung zu übersetzen: seine Seele (sein lebendiges Ich) ließ ihre Hingabe, Übergabe in den Tod zu.

Der Ausdruck παραδίδωμι kehrt mehrfach wieder im NT, und zwar an entscheidenden Stellen für Jesu Passion. In der zweiten und dritten Leidens-Ankündigung erklärt Jesus, er übergebe sich (rückbezügliches Medium!) bzw werde sich übergeben lassen in die Hände von Menschen, die ihn töten würden ... (Mk 9,31 Par; 10,33 Par). Die hier von den Synoptikern verwandte Form παραδίδεσθαι geben die Übersetzer passivisch wieder [Ausleger sehen sie als passivum divinum]; doch sollte man wegen des hebräischen Originals die Möglichkeiten der griechischen Grammatik ausschöpfen: *er gibt sich/ wird sich geben lassen in die Hände* ... So gelesen versteht man auch leichter, weshalb die Jünger in Person des Petrus gegen dieses Vorhaben opponierten (Mk 8,32 Par): weil sie in der Ansage der Passion nicht schicksalhaft-gottgewollte Notwendigkeit sahen, sondern einen Akt, der in der Freiheit Jesu selber lag. Quelle für die passivische Deutung dürfte die lateinische Übersetzung sein (*traditur*). Das Latein hat kein Medium; es gebraucht das Passiv, wenn nicht der Urheber, sondern das Geschehen selbst betont werden soll. Hier wird die Übersetzung, kaum merklich, zur Deutung.

Diese Lesart kann sich auch auf das Johannes-Evangelium stützen. In der Rede vom Guten Hirten erklärt Jesus, er setze sein Leben (*psyché mou*) ein für die Schafe (10,15), und präzisiert: niemand nehme ihm sein Leben weg, vielmehr „setze ich es ein aus mir selbst" (*ap᾽ emautoū*: v 18). Damit stimmt wieder überein Jesu letztes Wort vor seinem Tod, wie Lk es überliefert: „Vater, in deine Hände lege ich mein Leben (meinen Lebensatem)" (23,46), Zitat des 6. Verses im 30. Psalm (LXX), wobei der Evangelist das Futur der griechischen Fassung zum Präsens macht.(38)

---

(38) Das griechische Verb heißt παρατίθεμαι und meint (als Medium!) soviel wie „deponieren, anvertrauen". Darin entspricht es genau der hebräischen Vokabel פָּקַד, die in der Hifil-Form „Übergeben, hinterlegen" besagt (Ps 31,6: אַפְקִיד). Die hebräische Form kann sowohl präsentisch wie futurisch übersetzt werden.

Auch Paulus betont die aktive Form: Jesu Selbst-Hingabe (*parédōken heautón*: Gal 2,20; Eph 5,2.25).

M.a.W. *wurde Jesus nicht geopfert (weder vom „Vater" noch vom Hohen Rat), sondern er opferte sich selbst.* Wie das Joh-Evangelium andeutet, entspricht die Selbst-Gabe Jesu dem Auftrag (*entolé*) des „Vaters", worin Gottes Liebe (*agápe*) wirksam wird (10,17f).

Diese vermeintliche Abschweifung macht klar, dass *auch die Einsetzung / Stiftung des Abendmahls Teil der freien Selbst-Gabe Jesu an den „Vater"* ist, was zumal Paulus zum Ausdruck bringt, wenn er die Christen erinnert: „dass der Herr Jesus in der Nacht, als er sich hingab (*paredítoto*), Brot nahm und unter Danksagung es brach mit den Worten ´Dies ist mein Leib (der) für euch`" (1Kor 11,23f).

Zudem wird deutlich, dass die Beifügung zum Blut-Wort „das ausgegosse-ne" (statt „vergossen"), gemäß der traditionellen Opfer-Vorschrift, als Rückgabe des Lebens (des Blutes) – *seines* Lebens (Blutes) – an Gott zu verstehen ist, die Jesus hier selbst vollbringt. Genau übersetzt ist die Rede von Jesu Blut, von *seinem* Blut, „das *ausgegossen* wird": nicht von den Todfeinden, nicht vom „Vater", sondern *von ihm selbst im Sinne der Hingabe seines Lebens an den „Vater".*

Der Tod am Kreuz wird zum irdisch-endgültigen *Aspekt* seiner Hingabe an den „Vater", nicht zu deren alleinigem oder hauptsächlichem Inhalt.

Jesus gibt sich dem „Vater" hin *für* die Menschen und schließt in diese Hingabe seinen gewaltsamen Tod ein, als seine Todfeinde ihn ihm aufer-legen, und schließt auch sie in seine Hingabe ein.

Diese bibelnahe Auslegung bietet eine andere Sicht als jene, die – offiziell rechtgläubig – in Jesu Tod das Wesen seines Opfers sieht und dafür recht grobe Vorstellungen bemüht: „Weil der natürliche Tod durch die gänzliche Trennung des Blutes vom Leib entsteht und Christus auf solche Weise am Kreuz gestorben ist, so wird auch im heiligen Messopfer sein Tod durch die Trennung seines Blutes vom Leibe dargestellt ... Und dies ist eine wahre und wirkliche Schlachtung Christi, in welcher die Wesenheit des Brotes und Weines wirklich zerstört und wahrhaft in den Leib und das Blut Christi verwandelt wird ... Christus zeigt dem himmlischen Vater auch die bitteren

Schmerzen, die er bei seinem Sterben erlitten hat, die Schrecken des Todes, mit denen er geängstigt wurde, den grausamen Lanzenstich, der sein heiliges Herz durchbohrt hat ... er erweckt dadurch das unendliche Wohlgefallen, das Gott der Vater damals an dem Tode seines Sohnes empfand. Wie nun Christus am Kreuze den Zorn seines Vaters besänftigt, den Sündern Barmherzigkeit erworben und die Welt mit Gott versöhnt hat, so tut er dies wieder in allen heiligen Messen".(39)

Die im letzten Satz genannte Sicht wird auch heute noch von traditionell fühlenden Katholiken reklamiert und verteidigt. Sie wollen die Messfeier so denken, dass in ihr, und zwar in jeder Messe, Christus seinen Leib und sein Blut, zwar auf unblutige Weise (und mittels des Priesters), wie am Kreuz dem „Vater" aufopfere. Dass Christi Kreuzesopfer in der Messfeier vergegenwärtigt wird, wie das Trienter Konzil lehrt, wollen sie so verstanden wissen, dass Christus sich dem „Vater" wieder – unblutig, aber wie am Kreuz – opfert. Nur so könne vom Mess-Opfer als einem wahren Opfer die Rede sein (wie Trient lehrt). Das Kreuzesopfer Christi werde in der Messfeier quasi exakt wiederholt – mit dem Unterschied allerdings, dass es unblutig geschehe. Dass das Messopfer „unblutig" geschehe, hat natürlich damit zu tun, dass dieses erneuerte Kreuzesopfer unsichtbar bleibt, d.h. nur dem Glauben zugänglich. Freilich sei ein kleines Stück Sichtbarkeit doch gegeben, nämlich in der „Doppelkonsekration", d.h. in der „getrennten Wandlung des Brotes in den Leib und des Weines in das Blut Christi", worin sich „die Trennung des Leibes und Blutes Christi am Kreuz" andeute (wie es Papst Pius XII. bekräftigt hatte).

Freilich sei ein kleines Stück Sichtbarkeit doch gegeben, nämlich in der „Doppelkonsekration", d.h. in der „getrennten Wandlung des Brotes in den Leib und des Weines in das Blut Christi", worin sich „die Trennung des Leibes und Blutes Christi am Kreuz" andeute (wie es Papst Pius XII. bekräftigt hatte). Diese Deutung sei vollständig rechtgläubig (= tridentinisch), werde also durch die protestantische Kritik nicht getroffen, denn „durch das Messopfer" würden „nicht neue Gnaden erworben, sondern ... die am Kreuz verdienten Gnaden den Menschen" zugewendet.

(39) *Martin von Cochem*, 87f. Mit dieser Sicht verbunden ist die allegorisch-symbolistische Erklärung der Messe und Gegenstände, Traditionalisten bis heute teuer: „Das Kreuz auf dem Messgewande ist das Symbol des Kreuzes, an das Christus geschlagen worden ist. Der geweihte Kelch erinnert an das Grab Christi wie auch an den bitteren Kelch des Leidens, den Christus austrinken musste. Die Palla, womit der Priester den Kelch bedeckt, bedeutet den viereckigen[sic!] Grabstein... Das Korporale oder die viereckige Leinwand, auf welcher der Kelch steht, weist auf das Grabtuch hin, in das der Leichnam Christi eingewickelt worden ist. Die zwei Messkännlein bedeuten die Gefäße, in denen Galle und Essig waren, die Christus am Kreuze zum Tranke gegeben worden sind" (ebd 22) Z.T. noch bei Casel, zB 79.85. Die Allegorese stammt v.a. aus der griechischen Orthodoxie: *Jungmann* (1970), 15. 85f.; (1965 II), 69 Anm.6

Aus dieser Sehweise werden Folgerungen gezogen, die häufig polemisch vertreten werden. Eine andere Sicht als diese – d.h. die des 2. Vatikanischen Konzils – leugne den Opfer-Charakter der Messe (wie die Protestanten), huldige dem Horizontalismus (Christus opfere sich nicht dem „Vater", sondern den Jüngern bzw der Gemeinde – ebenfalls eine protestantische ´Neuerung`), und mache aus dem Opfer der Messe ein Mahl – sie sei jedoch „nur ein Opfer": die Kommunion sei kein Mahl, sondern „eine Frucht dieses Opfers, gehört aber nicht zu seinem Wesen hinzu", ebenso wenig wie das Volk oder die Gemeinde, deren Anwesenheit zwar „erwünscht, aber nicht notwendig" sei. Kreise, die so denken, wollen auch durch biblische Zeugnisse nicht beeindruckt werden, sie beharren auf dem Traditions-Recht des „spezifisch Katholischen" und auf ihre Sorge um den „rechten Glauben.(40) So auch z.B. der Schriftsteller *Martin Mosebach*, der (nach Medien-Berichten) öffentlich vorträgt, „die erste Messe" habe „nicht im Abendmahlssaal, sondern auf Golgatha stattgefunden". Vermutlich könnte der Autor, nach Klärung einiger Begriffe, sein Anliegen in obiger Darstellung aufgehoben finden.

Die *personale* Sicht hat namhafte Gelehrte zu der Überzeugung geführt, die Eucharistiefeier enthalte weniger eine Kult-Theologie als eine Theologie des Martyriums, wo Leib und Blut nicht etwas sind, das geopfert wird, denn „Jesus wird ... nicht als Opfertier verstanden, dessen Fleisch und Blut hingegeben wird, sondern als der Märtyrer, der nicht etwas, sondern sich selbst hingibt.

Leib und Blut sind jeweils Zeichen dieses Selbst, das Jesus in die Waagschale geworfen hat".(41)

Der Begriff „Martyrium" für Jesu Selbsthingabe setzt natürlich dessen Treue („Gehorsam") in Gottes Auftrag voraus, da der Blutzeuge ja nicht für sich, sondern für den ihn sendenden Gott zeugt.

40) Das Referat fußt in wörtlicher u. in indirekter Zitation auf dem Weblog der „Kongregation der Herz-Jesu Franziskaner", betitelt „Der neue Messritus" [vom Vf. ausgedruckt i.J. 2009]. Die Argumente, typisch für die global-religiöse ´Großwetterlage`, bewegt von besorgtem Eifer um das traditionell Eigene (konfessionelle Identität), gepeinigt von Horror vor den „anderen", emotional (wieder) als Feinde empfunden, sind auch die der Piusbruderschaft. Das in heutiger Sicht katholizistische Mess-Verständnis wird treffend skizziert u. kritisiert bei *Welker*, 40-46; *Schlink*, 495f! Traditionalistische Kreise verweigern sich der Überprüfung tradierter Auslegungen u. Denkgewohnheiten an biblisch-urchristlichen Normen, aus (unbegründeter) Sorge, zu verlieren (Identität), statt zu gewinnen (Glaube).

(41) *Ratzinger* (1963),72; *Kahlefeld*, Eucharistiegebet: (Catholica) 1974/2; *Schürmann*, 85ff; *Schillebeeckx* (1976), 273

Indessen kann das Martyrium nur ein sekundärer Aspekt des Gemeinten sein. Denn das Blut deutet nicht primär auf den Tod, sondern ist – als traditionelles Äquivalent des Lebens – zusammen mit dem Brot („mein Leib") Ausdruck für Jesu *Ganz*-Hingabe: Jesus gibt sich selber, wie er „*leibt* und *lebt*". Der Ausdruck „Fleisch und Blut" (*bāsār wadām*) ist in alttestamentlicher Spätzeit Ausdruck für den Menschen insgesamt in seiner vergänglichen Verfassung (vgl. Mt 16,17).(42) So wie „Leib / Fleisch", ist auch „Blut" als Lebensträger Repräsentant des Menschen, seiner Person. Nachweislich bezeichnet das griechische Wort für „Leib" (*sōma*) bis in frühchristliche Zeit hinein eine Person.(43)

Infos zu dem vollständigen Text auf Seite 59

(42) Nachweise bei *Jeremias*, 193 Anm.6

(43) Nachweise bei *Betz*,

Aus **„Enzyklika Ecclesia de Eucharistia"** von Papst Johannes Paul II.

DIE APOSTOLIZITÄT DER EUCHARISTIE UND DER KIRCHE

26. Wenn die Eucharistie die Kirche auferbaut und die Kirche die Eucharistie vollzieht, wie ich eben in Erinnerung gerufen habe, so folgt daraus, dass es zwischen der Eucharistie und der Kirche eine sehr enge Verbindung gibt. Dies gilt in einem solchem Maß, dass wir auf das Mysterium der Eucharistie anwenden dürfen, was wir über die Kirche sagen, wenn wir sie im Glaubensbekenntnis von Nizäa-Konstantinopel als »die eine, heilige, katholische und apostolische Kirche« bekennen. Eine und katholisch ist auch die Eucharistie. Sie ist auch heilig, ja sie ist das heiligste Sakrament. Unsere Aufmerksamkeit wollen wir nun aber vor allem auf ihre Apostolizität richten.

27. Bei der Erklärung, wie die Kirche apostolisch, also auf die Apostel gegründet ist, weist der *Katechismus der Katholischen Kirche* auf einen *dreifachen Sinn* hin. Erstens »ist und bleibt sie "auf das Fundament der Apostel" gebaut (*Eph* 2, 20), auf die von Christus selbst erwählten und ausgesandten Zeugen«. Die Apostel sind auch das Fundament der Eucharistie, nicht weil das Sakrament nicht auf Christus selbst zurückgeht, sondern weil Jesus es den Aposteln anvertraut hat und weil es von ihnen und ihren Nachfolgern bis zu uns weitergegeben wurde. Die Kirche feiert die Eucharistie durch die Jahrhunderte hindurch, indem sie das Handeln der Apostel weiterführt, die dem Auftrag des Herrn gehorsam waren.

Der zweite Sinn, wie die Kirche nach dem *Katechismus* apostolisch ist, besteht darin, dass »sie mit dem Beistand des in ihr wohnenden Geistes die Lehre, das Glaubensvermächtnis sowie die gesunden Grundsätze der Apostel [bewahrt] und sie weiter[gibt]«. Auch in diesem zweiten Sinn ist die Eucharistie apostolisch, weil sie in Übereinstimmung mit dem Glauben der Apostel gefeiert wird. Das kirchliche Lehramt hat bei verschiedenen Gelegenheiten in der zweitausendjährigen Geschichte des Volkes des Neuen Bundes die Lehre über die Eucharistie, auch hinsichtlich der genauen Terminologie, präzisiert, um dadurch den apostolischen Glauben an dieses erhabene Mysterium zu schützen. Dieser Glaube bleibt unverändert, und es ist wesentlich für die Kirche, dass er unverändert bleibt.

28. Schließlich ist die Kirche in dem Sinn apostolisch, dass »sie bis zur Wiederkunft Christi weiterhin von den Aposteln belehrt, geheiligt und

geleitet wird – und zwar durch jene, die ihnen in ihrem Hirtenamt nachfolgen: das Bischofskollegium, dem die Priester zur Seite stehen, in Einheit mit dem Nachfolger des Petrus, dem obersten Hirten der Kirche«. Die apostolische Nachfolge in der pastoralen Sendung schließt notwendig das Sakrament der Weihe ein, also die ununterbrochene, auf die Anfänge zurückgehende Reihe gültiger Bischofsweihen. Diese Sukzession ist wesentlich, damit von Kirche im eigentlichen und vollen Sinn gesprochen werden kann.

Die Eucharistie bringt auch diesen Sinn der Apostolizität zum Ausdruck. Wie das Zweite Vatikanische Konzil lehrt, kommt es den Gläubigen zu, »kraft ihres königlichen Priestertums an der eucharistischen Darbringung mitzuwirken«.

Es ist aber der geweihte Priester, der »in der Person Christi das eucharistische Opfer vollzieht und es im Namen des ganzen Volkes Gott darbringt«. Deshalb ist im *Missale Romanum* vorgeschrieben, dass es nur dem Priester zusteht, das eucharistische Hochgebet zu sprechen, während das Volk sich im Glauben schweigend damit vereint.

29. Der vom Zweiten Vatikanischen Konzil wiederholt gebrauchte Ausdruck, gemäß dem »der Amtspriester das eucharistische Opfer in der Person Christi vollzieht«, war im päpstlichen Lehramt bereits gut verankert. Wie ich bei anderer Gelegenheit klargestellt habe, bedeutet *in persona Christi* »mehr als nur "im Namen" oder "in Stellvertretung" Jesu Christi. *In der Person*, d.h. in der spezifischen, sakramentalen Identifizierung mit dem ewigen Hohenpriester, der Urheber und hauptsächliches Subjekt dieses seines eigenen Opfers ist, bei dem er in Wahrheit von niemandem ersetzt werden kann«. Der Dienst der Priester, die das Sakrament der Weihe empfangen haben, macht in der von Christus bestimmten Heilsordnung deutlich, dass die von ihnen gefeierte Eucharistie *eine Gabe ist, die auf radikale Weise die Vollmacht der Gemeinde überragt*. Das priesterliche Dienstamt ist unersetzlich, um die eucharistische Konsekration gültig an das Kreuzesopfer und an das Letzte Abendmahl zu binden.

Die Gemeinde, die zur Feier der Eucharistie zusammenkommt, bedarf unbedingt eines geweihten Priesters, der sie leitet, um wirklich eucharistische Versammlung sein zu können. Die Gemeinde kann sich aber nicht selbst einen geweihten Amtsträger geben.

Dieser ist eine Gabe, die die Gemeinde *durch die auf die Apostel zurück-gehende Sukzession der Bischöfe empfängt.* Es ist nämlich der Bischof, der durch das Sakrament der Weihe einen neuen Priester bestellt und ihm die Vollmacht überträgt, die Eucharistie zu feiern. Daher kann »das eucharistische Geheimnis in keiner Gemeinde gefeiert werden, es sei denn durch die Hände eines geweihten Priesters, wie das Vierte Laterankonzil ausdrücklich gelehrt hat«.

30. Diese Lehre der katholischen Kirche über das priesterliche Dienstamt in seiner Beziehung zur Eucharistie wie auch die Lehre über das eucharistische Opfer waren in den letzten Jahrzehnten Gegenstand eines fruchtbaren Dialogs *im Bereich der ökumenischen Bemühungen.* Wir müssen der heiligsten Dreifaltigkeit danken, weil es zu bedeutsamen Fortschritten und Annäherungen gekommen ist, die uns auf eine Zukunft hoffen lassen, in der wir den Glauben voll und ganz teilen. Die Anmerkung des Konzils bezüglich der kirchlichen Gemeinschaften, die im Abendland im 16. Jahrhundert und danach entstanden und von der katholischen Kirche getrennt sind, bleibt noch immer voll zutreffend: »Obgleich bei den von uns getrennten kirchlichen Gemeinschaften die aus der Taufe hervorgehende volle Einheit mit uns fehlt und obgleich sie nach unserem Glauben vor allem wegen des Fehlens des Weihesakramentes die ursprüngliche und vollständige Wirklichkeit des eucharistischen Mysteriums nicht bewahrt haben, bekennen sie doch bei der Gedächtnisfeier des Todes und der Auferstehung des Herrn im Heiligen Abendmahl, dass hier die lebendige Gemeinschaft mit Christus bezeichnet werde, und sie erwarten seine glorreiche Wiederkunft«.

Deshalb müssen die katholischen Gläubigen bei allem Respekt vor den religiösen Überzeugungen ihrer getrennten Brüder und Schwestern der Kommunion fernbleiben, die bei ihren Feiern ausgeteilt wird, damit sie nicht einer zweideutigen Auffassung über das Wesen der Eucharistie Vorschub leisten und so die Pflicht versäumen, für die Wahrheit klar Zeugnis abzulegen. Dies würde zu einer Verzögerung auf dem Weg zur vollen sichtbaren Einheit führen. Es ist auch nicht gestattet, die sonntägliche heilige Messe durch ökumenische Wortgottesdienste, durch gemeinsame Gebets-treffen mit Christen, die den genannten kirchlichen Gemeinschaften angehören, oder durch die Teilnahme an ihren liturgischen Feiern zu ersetzen. Bei geeigneten Anlässen sind derartige Feiern und Treffen in sich lobenswert, sie bereiten auf die ersehnte volle, auch eucharistische Gemeinschaft vor, können sie aber nicht ersetzen.

Die Tatsache, dass die Vollmacht zur Darbringung der Eucharistie ausschließlich den Bischöfen und Priestern anvertraut ist, stellt keine Herabsetzung des übrigen Gottesvolkes dar. Denn in der Gemeinschaft des einzigen Leibes Christi, der Kirche, nützt diese Gabe allen in überreichem Maß.

31. Wenn die Eucharistie Mitte und Höhepunkt des Lebens der Kirche ist, so ist sie es in gleicher Weise für das priesterliche Dienstamt. Mit einem dankbaren Herzen gegenüber unserem Herrn Jesus Christus unterstreiche ich deshalb von neuem, dass die Eucharistie »der wesentliche und zentrale Seinsgrund für das Sakrament des Priestertums ist, das ja im Augenblick der Einsetzung der Eucharistie und zusammen mit ihr gestiftet worden ist«.

Die pastoralen Tätigkeiten des Priesters sind vielfältig. Wenn man an die gesellschaftlichen und kulturellen Verhältnisse der gegenwärtigen Welt denkt, kann man leicht verstehen, wie groß und bedrohlich für die Priester *die Gefahr* ist, *sich in einer Vielzahl verschiedener Aufgaben zu verlieren.* Das Zweite Vatikanische Konzil hat in der Hirtenliebe das Band gesehen, das ihr Leben und ihre Tätigkeiten zur Einheit führt. Diese Hirtenliebe – so fügt das Konzil hinzu – »erwächst am stärksten aus dem eucharistischen Opfer. Es bildet daher Mitte und Wurzel des ganzen priesterlichen Lebens«. Man versteht so, wie wichtig es für sein geistliches Leben und darüber hinaus für das Wohl der Kirche und der Welt ist, dass der Priester die Empfehlung des Konzils, täglich die Eucharistie zu feiern, in die Tat umsetzt. Denn »sie ist auch dann, wenn keine Gläubigen dabei sein können, ein Akt Christi und der Kirche«. Auf diese Weise kann der Priester jede zerstreuende Spannung in seinem Tagesablauf überwinden, weil er im eucharistischen Opfer, der wahren Mitte seines Lebens und Dienens, die notwendige geistliche Energie findet, um sich den verschiedenen seelsorglichen Aufgaben zu stellen. So werden seine Tage wahrhaft eucharistisch.

Von der zentralen Stellung der Eucharistie im Leben und Wirken der Priester leitet sich auch die zentrale Stellung der Eucharistie in der *Pastoral zur Förderung von Priesterberufungen* ab. Dies gilt vor allem deshalb, weil das Gebet um Berufungen in der Eucharistie ganz mit dem Gebet Christi, des ewigen Hohenpriesters, vereint wird.

Die eifrige Sorge der Priester um das Mysterium der Eucharistie sowie die damit verbundene Förderung der bewussten, tätigen und fruchtbaren Teilnahme der Gläubigen an der Eucharistie ist zudem ein eindrucksvolles

Beispiel und ein Ansporn für junge Menschen, großmütig auf den Ruf Gottes zu antworten. Oft bedient sich Gott der vorbildlichen und eifrigen Hirtenliebe eines Priesters, um im Herzen eines jungen Menschen den Keim der Berufung zum Priestertum auszusäen und zur Entfaltung zu bringen.

32. All das zeigt, wie schmerzlich es ist und wie weit man sich von der normalen Situation entfernt, wenn eine christliche Gemeinde sich zwar aufgrund der Anzahl und Vielfalt der Gläubigen als Pfarrei darstellt, aber keinen Priester hat, der sie leitet. Die Pfarrei ist nämlich eine Gemeinschaft von Getauften, die ihre Identität vor allem durch die Feier des eucharistischen Opfers ausdrücken und geltend machen. Dazu aber ist ein Priester notwendig, denn nur ihm steht es zu, *in persona Christi* die Eucharistie darzubringen. Wenn einer Gemeinde der Priester fehlt, sucht man mit Recht nach einer gewissen Abhilfe, damit die sonntäglichen Gottesdienste weiterhin stattfinden. Die Ordensleute und Laien, die ihre Brüder und Schwestern im Gebet leiten, üben in lobenswerter Weise das gemeinsame Priestertum aller Gläubigen aus, das in der Taufgnade gründet. Derartige Lösungen müssen aber als bloß vorläufig betrachtet werden, solange die Gemeinde auf einen Priester wartet.

Die Tatsache, dass solche Feiern in sakramentaler Hinsicht unvollständig sind, muss die ganze Gemeinde dazu drängen, mit größerem Eifer zu beten, dass der Herr Arbeiter für seine Ernte aussende (vgl. *Mt* 9, 38), und muss auch dazu anspornen, alle anderen Grundaspekte einer angemessenen Berufungspastoral in die Tat umzusetzen. Dabei darf man nicht der Versuchung erliegen, Lösungen anzustreben, welche die Eigenschaften schwächen, die von den Priesteramtskandidaten in Bezug auf das sittliche Leben und die Ausbildung verlangt werden.

33. Wenn nichtgeweihte Gläubige wegen des Priestermangels mit der Mitarbeit an der Seelsorge einer Pfarrei betraut worden sind, sollen sie sich bewusst bleiben, dass – wie das Zweite Vatikanische Konzil lehrt – »die christliche Gemeinde nur aufgebaut wird, wenn sie Wurzel und Angelpunkt in der Feier der Eucharistie hat«. Sie müssen deshalb dafür sorgen, dass in der Gemeinde ein wahrer »Hunger« nach der Eucharistie lebendig bleibt. Dieser »Hunger« soll dazu führen, keine Gelegenheit zur Messfeier zu versäumen und auch die gelegentliche Anwesenheit eines Priesters zu nützen, der vom Kirchenrecht nicht an der Messfeier gehindert ist."

Infos zu dem vollständigen Text auf Seite 60

Kommt her, ihr seid geladen

Kommt her, ihr seid geladen,
der Heiland rufet euch;
der süße Herr der Gnaden,
an Huld und Liebe reich,
der Erd und Himmel lenkt,
will Gastmahl mit euch halten
und wunderbar gestalten,
was er in Liebe schenkt.

Kommt her, betrübte Seelen,
die Not und Jammer drückt,
mit Gott euch zu vermählen,
der wunderbar beglückt.
Kommt, legt auf ewig ab
der Sünde bange Säumnis;
empfanget das Geheimnis,
das Gott vom Himmel gab.

Drum jauchze, meine Seele,
hell aus der Sündennacht!
Verkünde und erzähle
die tiefe Wundermacht,
die unermesslich süß,
ein Born der Liebe, quillet
und jeden Jammer stillet,
der fast verzweifeln ließ.

Kommt her, verzagte Sünder
und werft die Ängste weg,
kommt her, versöhnte Kinder,
hier ist der Liebesweg.
Empfangt die Himmelslust,
die heilge Gottesspeise,
die auf verborgne Weise
erquicket jede Brust.

O Wonne kranker Herzen,
die mir von oben kam!
Verwunden sind die Schmerzen,
getröstet ist der Gram.
Was von dem Himmel fließt,
hat lieblich sich ergossen;
mein Herz ist gar durchflossen
vom süßen Liebesgeist.

Drum jauchze, meine Seele,
drum jauchze deinem Herrn!
Verkünde und erzähle
die Gnade nah und fern
den Wunderborn im Blut,
die sel'ge Himmelsspeise,
die auf verborgne Weise
dir gibt das höchste Gut.

Ernst Moritz Arndt

Aus **„Verwandlung**– zur Wirkweise der Eucharistie" von Klaus P. Fischer

Zusammenfassung

Unsere Überlegungen gingen aus vom Brief eines alten Arztes, der unlängst den Verfasser erreichte. Darin gesteht dieser, er habe schon als kleiner Junge nicht glauben können, dass aus Brot der Leib Christi wird: „das geht nicht" sagte ihm schon sein kindlicher Realismus. Die Naturwissenschaften, ins Medizinstudium integriert, bestärkten ihn in dieser Skepsis. Gegen seinen Verstand habe er das Dogma jedoch angenommen, werde aber mit sich als Katholik und Naturwissenschaftler in einer Person nicht einig, sein Verstand sträube sich bis ins hohe Alter..

Dieser Zwiespalt hat mit der abendländischen Denkentwicklung zu tun, d.h mit dem von der griechisch-römischen Antike eingeleiteten Bemühen, die Wirklichkeit, die Welt inklusive ihrer bislang nur symbolhaft zugänglichen Tiefe rational, logisch-begrifflich zu fassen.

Die diesem Bemühen anhaftende Problematik lässt sich schon an dem frühen Gegensatz zwischen *Heraklit* (alle Dinge wandeln sich unaufhörlich in ihre Gegensätze) und *Parmenides* (es gibt keinen Wandel, nur das ewige IST) erkennen. Im Zuge dieses abendländischen Bemühens, das bei den Kirchenvätern zur Theo-Logie führte, wurden auch der Glaube und sein ´Inhalt` zunehmend rational gewendet und ´verwissenschaftlicht`. Dabei geriet die eucharistische „Wandlung", Kernbegriff des Eucharistie-Sakraments, zu einem philosophischen Problem und wurde – nach verschiedenen Anläufen im Frühmittelalter – schließlich von *Thomas von Aquin* als „Transsubstantiation" gedeutet. Diese metaphysische Denkform wurde, obwohl der Volksglaube sie nie wirklich begriff und mit der Suche zB nach Hostienwundern durchbrechen wollte, in der römischen Kirche leitend, sodass das *Konzil von Trient* sie als „geeignetste" Lösung gegen andersartige Deutungen empfahl. Auch *Luther*, der die Bibeltreue zum Maßstab von Glaubens- und Kirchenreform erhob, zeigte sich hier mit seiner Alternative („Konsubstantiation") als Gefangener des mittelalterlichen Rationalismus. Weil aber die Logik griechisch-römischer Rationalität zu Beginn der Neuzeit schließlich die mathematisierte Naturwissenschaft aus sich hervorrieb, welche die metaphysischen Begriffe (zB Substanz, Kausalität) besetzte und gleichzeitig umdeutete, wurde die aus dem Mittelalter kommende Deutung der „Wandlung" dem modernen Gläubigen zweifelhaft und unverständlich.

Einen alternativen Zugang bildet das biblische Denken, für das – wie für die antike Welt überhaupt – die Welt, Dinge und Menschen stets auch symbolisch-transparent sind und so auch angesprochen werden. Auch die Erzählform der Bibel ist in all ihren Teilen, auch in den geschichtlichen Büchern, derart, dass Ereignisse und Worte durchlässig werden für Gott (auch für Mächte, wie zB Engel und Satan), dass Vordergründiges hintergründig wird und das Hintergründige im Vordergründigen erscheint.

Die Selbstaussage Jesu im Joh-Evangelium „Dies Brot ist mein Fleisch für das Leben der Welt" setzt die Hintergründigkeit des Vordergründigen voraus, setzt m.a.W. voraus, dass sinnenfällige Realitäten einen Gehalt empfangen können, der weit, gar unendlich weit über das normale Verständnis hinausragt. Die Wiederentdeckung dieses (auch vielen Kirchenvätern noch geläufigen) Denkens ist wesentlich, zumal für das Verständnis von Liturgie und Sakramenten. Hinzu trat im 20. Jahrhundert die Neubesinnung auf die durch alle Generationen hindurch bewahrte, ein Ganzes bildende *Gestalt* der Messfeier.

Die Fokussierung der Andacht auf einen kurzen Moment, der durch bestimmte Worte und Gesten bezeichnet ist, hatte im Bewusstsein der Gläubigen die Gesamt*gestalt* der Feier verdunkelt. Ihr Wesentliches wurde gleichsam verdinglicht, gar historisiert (→ das Opfer von Kalvaria) und dabei inhaltlich und liturgisch verkürzt: als wesentlich galt nur die „Wandlung"; wer ihr beiwohnte, hatte die Anwesenheitspflicht bei der Sonntagsmesse erfüllt (die „eigentliche" Messfeier beginne nach der Präfation).

Nach Vorarbeit namhafter Theologen besannen sich die Teilnehmer des 2. Vatikanischen Konzils neu darauf, dass die auf Jesu Weisung zu begehende Eucharistiefeier das Abschiedsmahl Jesu mit den Jüngern je neu vergegenwärtigt. Gültig gemacht ist die Weisung „Tut dies zu meinem Gedenken!" durch die Vollendung der Sendung Jesu in Kreuz und Auferweckung, bereichert wird sie durch die von den Landstraßen und

Zäunen Hereingebetenen (Lk 14,23). Gastgeber und Berufender in Wort, Tun und Vollzug ist der erhöhte Jesus Christus – der *Kyrios* – selbst, der die Feiernden kraft des Hl.Geistes zu seinem geistlichen Leib zusammenführt und sie so aufnimmt in seine auch den Tod durchstehende, durchbrechende, ewige Hingabe an den „Vater".

Das NT lehnt Abschiedsmahl und Geschick Jesu auffällig an das Pessach-Fest und Pessach-Mahl an. Diese Anlehnung an Pessach konstituiert auch das Verständnis des eucharistischen Geschehens.

Ähnlich wie gläubige Juden am Pessach-Abend ihre Befreiung, so vergegenwärtigen, ja ´verheutigen` und nostrifizieren die Eucharistie Feiernden durch das Engagement Gottes bzw Christi in der Kraft des Hl. Geistes das einmalige Geschehen der Befreiung aus der Gefangenschaft in der Nekropole der Gottferne. Das gilt für den gesamten Kultakt. In zeitlich geraffter Form werden die Feiernden in einem wahren Sinn *gleichzeitig* mit der Berufung und Aussendung der Jünger (Christen) durch Jesus, mit seiner göttlichen Beglaubigung in Taufe und Verklärung, mit seinen Versuchungen, mit seinen Lehrstücken und Gleichnissen, Heilungs- und Sättigungswundern, mit Verrat, Gefangennahme, Prozess, Tod Jesu, schließlich mit den Zeugnissen von seiner dem Tod entrückten Lebendigkeit, werden von Ihm im Tisch-Akt gedenkend-dankend einbezogen in die Lebensgemeinschaft mit Ihm, dem Erhöhten, um von Ihm je neu ausgesandt zu werden in ihre Welt, so weit sie reicht.

Was traditionell Wandlung oder Verwandlung genannt wird, sollte daher nicht verkürzt werden auf die Worte über Brot und Wein. Vielmehr bezieht die Wandlung sich auf den gesamten eucharistischen Kult-Akt, insofern hier der Kyrios kraft des Hl. Geistes die Elemente ebenso wie die Worte, Zeichen und Gesten in seine Sendung vom „Vater" her und in seine gehorsame Hingabe an Ihn erhebt und in-eins die Feiernden zu Jüngern, ja zu Freunden, mehr noch: zu seinen Brüdern und Schwestern vor Gott und auf Gott hin erhöht: eine umfassende Verwandlung der Gemeinde.. Der in die Feier integrierte Mahl-Akt greift dabei mit kühnem Glauben auch bewusst vor auf das geläufige biblische Bild vom Gottesmahl in der Heils-Vollendung (Jes 25,6; 55,1-3; Mt 8,11; 22,2-4; Mk 14,25 Par Mt 26,29; Lk 22,16-18; 1Kor 11,26), ein gläubiger Vorgriff, der unerschütterlich fundiert ist im Ja des Gekreuzigten, das die irdische Existenz des Todgeweihten vollendet.

Nicht selten wird die Bedeutung der Eucharistie, zumal der „Wandlung", auf das Sühne-Opfer verengt. Die Konzentration auf dieses Motiv neigt zur Unterschätzung der anderen, gleichrangigen Deute-Motive (Erlösung, Liebeshingabe, Stellvertretung) und vergisst leicht den in den Hingabe-Worten Jesu ausgedrückten, auf Vorleistungen verzichtenden Freispruch Gottes, auf den der Mensch, auf den die Gemeinde nur mit dankendem Lobpreis Gottes (= Eucharistie) zu antworten vermag.

Infos zu dem vollständigen Text auf Seite 59

Jesus beim Abendmahl

Zu den Autoren

Oda-Gebbine Holze Stäblein absolvierte nach ihrem Theologiestudium von 1970 bis 1971 ihr Vikariat in Mannheim. Im Jahre 1972 trat sie in den Dienst der Evangelisch-lutherischen Landeskirche Hannovers und war von 1972 bis 1976 Gemeindepastorin in Stade. Von 1976 bis 1981 wirkte sie als Dozentin am Religionspädagogischen Institut in Loccum und war als Gemeindepastorin von 1981 bis 1991 an St. Martin in Hannover-Linden tätig. Seit 1991 versah sie das Amt als Pastorin der zweiten Pfarrstelle an der Marktkirche in Hannover, der Bischofskirche der Leinestadt. 1999 erhielt sie die Ernennung zur Superintendentin des Kirchenkreises Burgdorf und nach drei Amtsjahren die Berufung zur Landessuperintendentin für den Sprengel Ostfriesland-Ems mit Sitz in Aurich – in der Nachfolge von Landessuperintendent Volker Jürgens.

Mit Erreichen der Altersgrenze trat Holze-Stäblein zum 31. Juli 2007 in den Ruhestand. Zu ihrem Nachfolger wurde der Burgdorfer Superintendent Detlef Klahr ernannt.

Oda-Gebbine Holze-Stäblein war lange Jahre Mitglied im Kirchensenat der Hannoverschen Landeskirche sowie stellvertretendes Mitglied der Synode der Evangelischen Kirche in Deutschland. 1991 wurde sie Vorsitzende des *Beirates Erneuerte Gemeinschaft von Frauen und Männer in der Kirche* und arbeitete außerdem beim Deutschen Evangelischen Kirchentag mit.

Einer breiten Öffentlichkeit wurde Holze-Stäblein aufgrund ihrer mehrjährigen Tätigkeit als Sprecherin beim Wort zum Sonntag bekannt. (aus Wikipedia)

Kjell Nordstokke ist Direktor der Abteilung für Mission und Entwicklung des *lutherischen Weltbundes* (lWB).

Aus dem Geleitwort des oben zitierten Buches: *„Die Begegnung mit dem Anderen – Das Wagnis der Mission"* – unter diesem Thema stand die Generalsynode der Vereinigten Evangelisch-Lutherischen Kirche Deutschlands (VELKD) vom 3. bis 5. und am 8. November 2011 in Magdeburg. Den im folgenden abgedruckten Hauptvortrag hielt der norwegische Theologe Dr. Kjell Nordstokke, Inhaber des Lehrstuhls für Diakoniewissenschaften in Oslo."

Remmer Janssen wurde in Werdum Altendeich / Ostfriesland als Sohn eines begüterten Landwirts geboren. Nach dem Abitur am Gymnasium Ulricianum in Aurich studierte er gegen den Widerstand seiner Eltern Theologie an den Universitäten Leipzig und Göttingen. Nach einem Vikariat in Nesse / Altkreis Norden wurde er als Pastor an die Evangelisch-lutherische Kirchengemeinde Strackholt / Landkreis Aurich berufen. Janssen lebte zölibatär, zog jedoch in seinem Pfarrhaus rund 30 Waisenkinder auf. Er starb 1931 in Egels bei Aurich. Sein Grab befindet sich auf dem Strackholter Friedhof.

Schon bald nach seinem Dienstantritt in Strackholt wuchs – trotz langer Predigten – die Zahl der Gottesdienstbesucher. Ab 1880 nahmen im Durchschnitt rund 1.000 Menschen am Gottesdienst teil, so dass die Kirche erheblich erweitert werden musste. Zur wöchentlichen Bibelstunde versammelten sich über viele Jahre hinweg ca. 700 Menschen, die zum Teil weite Anreisen auf sich nahmen. Das neue Leben in der Kirche zeigte Wirkung: Die gottesdienstliche Liturgie wurde verändert, an die Stelle der vorgeschriebenen liturgischen Gebete trat das frei formulierte Gebet. Dem Gemeindegesang maß Janssen große Bedeutung bei und sorgte für die Einführung neuer geistlicher Lieder. Auch regte er mit großem Erfolg an, sich in den Wohnungen und Häusern zur Hausandacht und Gebetskreisen zu versammeln. Aufgrund der Erweckung mussten die Strackholter Gaststätten schließen. Unvergessen sind auch seine Leichenpredigten, in denen aus dem Leben der Verstorbenen ungeschminkt berichtet und gleichzeitig die Trauerversammlung zur Umkehr aufgefordert wurde.

Zwar wirkte Janssen fast ausschließlich in Ostfriesland, er hatte jedoch immer den weltweiten Missionsauftrag Jesu vor Augen. Berühmt geworden sind in diesem Zusammenhang die Strackholter Missionsfeste, die Janssen um 1882 ins Leben rief. Auch gründete er 1886 an seinem Dienstort ein Missionsseminar, das bis 1914 bestand und vielen jungen Männern den Weg in die Außenmission bahnte.

In einem Rückblick auf Remmer Janssens Lebensweg heißt es unter anderem: „Pastor Remmer Janssen war als Mensch, Prediger und Seelsorger einzig in seiner Art. Die Wirkung, die von ihm ausging, überstrahlte alle anderen, die im gleichen Berufe in seiner Umwelt tätig waren. Es ihm gleich zu tun erschien völlig unmöglich." (*Jann Berghaus*, Regierungspräsident)

(aus Wikipedia)

Johannes Paul II. (lateinisch *Ioannes Paulus II*; bürgerlich Karol Jozef Wojtyla; * 18. Mai 1920 in Wadowice; † 2. April 2005 in der Vatikanstadt) war ein polnischer Geistlicher. Er war von seiner Wahl am 16. Oktober 1978 bis zu seinem Tod im Jahr 2005 der 264. Bischof von Rom (Papst) und damit Oberhaupt der römisch-katholischen Kirche sowie das sechste Staatsoberhaupt der Vatikanstadt. Sein Pontifikat dauerte 26 Jahre und 5 Monate; ein längeres ist nur für Pius IX. belegt. Johannes Paul II. war der erste Pole auf dem Papstthron und der erste Nicht-Italiener seit 456 Jahren. Ihm wird eine maßgebliche Rolle bei der Beendigung des Sozialismus in seinem Heimatland Polen zugeschrieben. (aus Wikipedia)

Klaus P. Fischer, geb. 1941 in Stuttgart, studierte Klassische Philologie, Philosophie und Theologie in Tübingen, Innsbruck, Paris und Frankfurt/M. Theologische Promotion am Institut Catholique de Paris bei *Henri Bouillard* SJ über die Anthropologie *Karl Rahners* ("Der Mensch als Geheimnis"). Mitglied des *Oratoriums des hl. Philipp Neri* in Heidelberg.

Langjährige Tätigkeit in Pastoral, Religionspädagogik, Klinik-Seelsorge, Erwachsenenbildung, Kirchl. Rundfunkarbeit u.a.m. Diverse Veröffentlichungen zu Themen des Glaubens und christlicher Welt-Anschauung, wie *Gott und Teufel, Gott und Schicksal, Schöpfung – Naturwissenschaft, Tod und Auferstehung, Eucharistie und Abendmahl, Mensch – Gott – Kirche,* u.a.m. Lehrbeauftragter für Katholische Theologie an der Evangelisch-Theologischen Fakultät der Universität Heidelberg.

DAS ABENDMAHL

Eine verpasste Chance in
der Kirche Ostfrieslands?

Oda-Gebbine Holze Stäblein

48 Seiten, ISBN-13: 9783755753476, € 5,00

Die Begegnung mit dem Anderen

Das Wagnis der Mission

60 Seiten, ISBN-13: 9783735791450, € 5,00

Hans-Jürgen Sträter

Ein Senfkorn für die Welt

Die Glaubensfrüchte des Kinderpredigers
Jonas Eilers aus Timmel in Ostfriesland

60 Seiten, ISBN-13: 9783981419566, € 5,00

Klaus P. Fischer

"Das ist mein Leib, mein Blut"

Die Eucharistie -
Einführung in ihr Verständnis

Adlerstein Verlag

112 Seiten, ISBN-13: 9783844805437, € 9,90

Klaus P. Fischer

Verwandlung

Zur Wirkweise der Eucharistie

80 Seiten, ISBN-13: 9783754356623, € 8,90

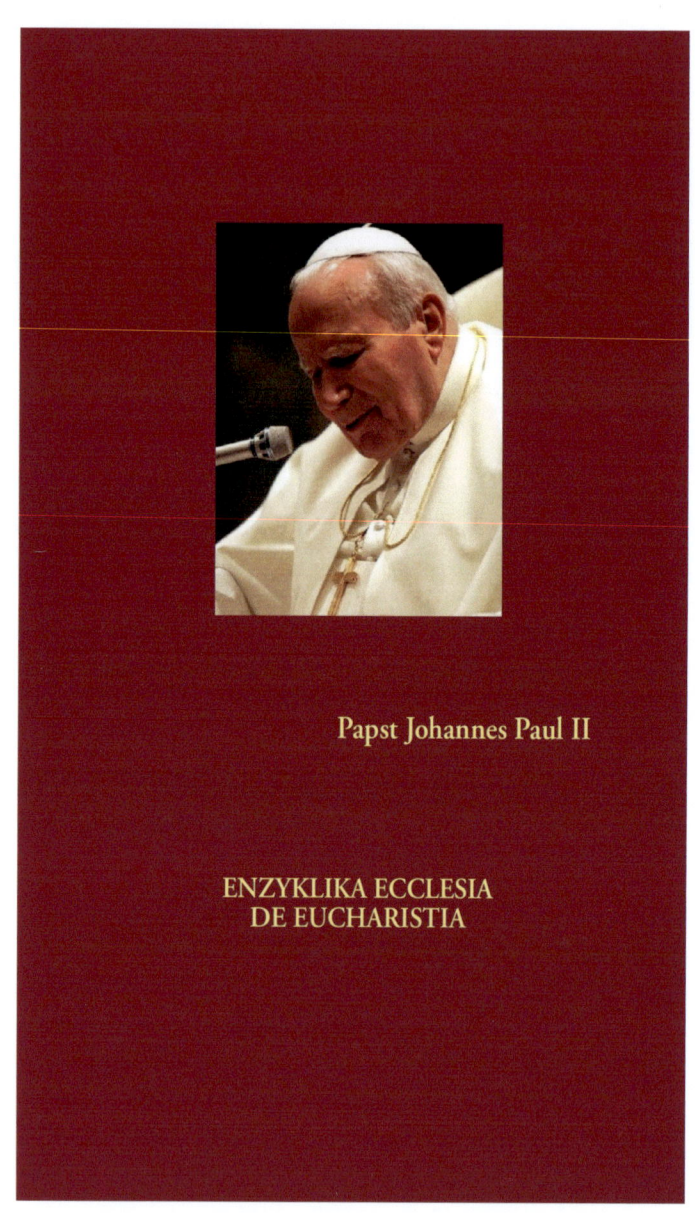

Papst Johannes Paul II

ENZYKLIKA ECCLESIA
DE EUCHARISTIA

88 Seiten, ISBN-13: 9783981419580, € 5,90